Karl Goebel

Über den platonischen Parmenides

Karl Goebel
Über den platonischen Parmenides
ISBN/EAN: 9783743327559
Hergestellt in Europa, USA, Kanada, Australien, Japan
Cover: Foto ©ninafisch / pixelio.de

Manufactured and distributed by brebook publishing software (www.brebook.com)

Karl Goebel

Über den platonischen Parmenides

Über den Platonischen Parmenides.

Von

Dr. Karl Goebel.

Gütersloh.
Druck und Verlag von C. Bertelsmann.
1880.

Vorwort.

Indem ich dem philosophischen Publikum diese Schrift über den Platonischen Parmenides übergebe, habe ich ein altes Problem in neuer Weise zu lösen versucht. Die früheren Auffassungen, die symbolische des Proclus, die formale, die namentlich Schleiermacher, die metaphysische, die Stallbaum vertritt, habe ich zu kritisieren unterlassen. Denn habe ich das Richtige getroffen, so ist mit der Erkenntnis des Wahren am besten die Einseitigkeit ausgeglichen und der Irrtum widerlegt; habe ich aber auch geirrt, so ist es immer bedenklich, frühere Irrtümer mit einem neuen zu bekämpfen. Ich habe den Gegenstand aus Liebe zur Philosophie angegriffen und vorurteilslos zu ergründen versucht. Mögen die Kenner die Schrift prüfen und die Sache scharf, das Motiv und die Arbeit wohlwollend beurteilen.

So est. Januar 1880.

Inhalt des Platonischen Parmenides.

Der Klazomenier Kephalos kommt, wie er selbst erzählt, mit Landsleuten, die eifrige Philosophen sind, nach Athen und trifft auf dem Markte die beiden Brüder Adeimantos und Glaukos, von denen jener ihm die Hand reicht und ihn willkommen heißt, indem er ihm zugleich sein und seines Bruders Dienste für seinen Aufenthalt in Athen anbietet. Dieses Anerbieten nimmt Kephalos auf der Stelle an, da sie ihm gerade zu dem verhelfen können, was er in Athen sucht. Denn er will seine Landsleute zu dem Stiefbruder des Adeimantos und Glaukos, dem Sohne des Pyrilampes, führen, dessen Name selbst ihm in der langen Zwischenzeit, während welcher er nicht in Athen gewesen, entfallen ist; damit sie von ihm die Unterredung kennen lernen, die einst Sokrates, Zeno und Parmenides mit einander gehabt haben und die jenem von seinem näheren Umgange mit dem Pythodoros, dem Freunde des Zeno her, wohl bekannt war. Adeimantos nennt den Namen seines Stiefbruders Antiphon, bestätigt den Eifer, den derselbe in seiner Jugend für jene philosophischen Disputationen gehabt habe, wenn er auch jetzt seiner Familientradition gemäß sich hauptsächlich mit dem Pferdesport beschäftige, und erbietet sich, die Gesellschaft zu ihm in sein Haus in Melite zu führen, wohin er eben vom Markte gegangen sei. Sie treffen ihn gerade, wie er einen Zaum zum Ausbessern herausgiebt, und als er das besorgt hat, tragen ihm seine Brüder das Anliegen der mitgekommenen Klazomenier vor. Den Kephalos erkennt und begrüßt er, und obgleich er anfangs auch das von dem Klazomenier selbst wiederholte Anliegen wegen der Schwierigkeit der Erfüllung ausschlägt, so läßt er sich doch endlich bereden und erzählt die Sache, wie er sie von Pythodorus gehört hat. Auf das große Fest der Panathenäen kamen nämlich einstmals Parmenides und Zeno nach Athen; Parmenides schon alt und grau, etwa 65 Jahre alt, aber ein Greis von edler und schöner Erscheinung; Zeno, sein Lieblingsschüler, nahe an 40, schlank und anmuthig. Sie logieren beim Pythodorus außerhalb der Stadtmauer im Kerameikos. Dort sucht sie der noch ganz junge Sokrates mit vielen anderen auf, um den Zeno sein Buch, das dieser und Parmenides eben damals zuerst nach Athen brachten, vorlesen zu hören. Zeno willfährt ihnen, Parmenides ist aber nicht dabei, und als er zum Schlusse gelangt ist, kommt Pythodorus mit dem Parmenides und dem Aristoteles, der später einer der 30 Tyrannen wurde, herein, und Parmenides und Aristoteles hören noch den Schluß mit an, was Pythodorus für seine Person jedoch nicht für nöthig hält, da er schon früher den Zeno hat vorlesen hören. Als die Vorlesung zu Ende ist, bittet Sokrates, die erste Behauptung des ersten Teils noch einmal vorzulesen, und als das geschehn ist, fragt er den Zeno: „Ist dies also der Sinn deiner Auseinandersetzung: Wenn das Seiende Vieles ist, muß es zugleich ähnlich und unähnlich sein. Nun ist es aber unmöglich, daß das Unähnliche ähnlich und das Aehnliche unähnlich ist, also kann auch das Seiende nicht Vieles sein. Und ist dies zu beweisen eben der Zweck deines Buches, und jeder einzelne Teil soll ein besonderer Beweis für diesen Satz sein, daß Vieles nicht ist?" Als Zeno dies bejaht und dem Sokrates das Zeugnis gegeben, daß er den Inhalt der vorgelesenen Schrift vollständig verstanden habe, wendet sich Sokrates an den Parmenides mit der Aeußerung, er sehe, daß Zeno nicht nur als Freund, sondern auch als Schriftsteller ihm mit Leib und Seele angehöre, denn er behaupte in seinem Buche nur den Satz, den Parmenides in seinem Gedichte aufstelle und durch gut und schön ausgeführte Beweise stütze, daß das All Eins sei, denn er sage statt dessen, daß nicht Vieles sei und bringe dafür sehr viele und weitläufige Beweise. Wenn er aber den Ausdruck verändere und statt des Einen nicht Vieles sage, so wolle er offenbar damit die Leser irre führen, als ob er eine ganz andere Behauptung aufstelle. Zeno giebt das nur mit Einschränkung zu; was Sokrates sage, sei nur etwas Nebensächliches, und es sei ihm, der allerdings eine feine Nase verrate, aber doch die Hauptsache nicht getroffen habe, entgangen, daß die Schrift doch nicht durchweg einen so hohen Ton anschlage, um ihr diesen Grundgedanken zugleich mit der Absicht zuschreiben zu können, denselben verdecken und den Leuten weißmachen zu wollen, als ob wunder was der Inhalt wäre; die Hauptsache sei eben, dem Satze des Parmenides gegen diejenigen zu Hilfe zu kommen, welche ihn durch lächerliche und widerspruchsvolle Folgerungen aus demselben verspotteten. Seine Schrift sei eben gegen die, die die Vielheit des Seienden behaupteten, gerichtet und wolle es ihnen wiedergeben, indem sie darlege, daß bei geschicktem Verfahren aus der Behauptung der Vielheit noch lächerlichere

Folgerungen gezogen werden könnten, als aus der Einheit des Seienden. Aus jugendlicher Streitlust und nicht aus überlegtem Ehrgeiz habe er die Schrift als Jüngling geschrieben, und es habe jemand sie ihm entwendet und ohne seinen Willen herausgegeben. Durch diese Erklärung über die Motive und den Zweck der Schrift äußert sich Sokrates befriedigt, allein in Beziehung auf den Inhalt fragt er den Zeno, ob er nicht glaube, daß es eine selbständige Idee der Aehnlichkeit und ebenso des Entgegengesetzten, der Unähnlichkeit, gebe, und daß an denselben die Dinge, denen man das Prädikat des Vielen beilegt, teil nehmen, und zwar, daß das, was an der Idee der Aehnlichkeit teil nimmt, eben ja nach der Weise und dem Grade der Teilnahme ähnlich, was an der der Unähnlichkeit teil nimmt, unähnlich, was an beiden teil nimmt, beides wird; und wenn alle Dinge durch eine derartige Teilnahme an beiden entgegengesetzten Ideen gleich und ungleich mit einander sind, so ist das nicht zum Verwundern. Das Wunderbare würde nur sein, wenn einer zeigte, daß das substantiell Aehnliche unähnlich und das substantiell Unähnliche ähnlich wäre, wenn er aber dem, was an beiden Teil hat, die beiden Prädikate giebt, so scheint das nicht ungereimt zu sein. Ebenso ist es mit dem Einen und dem Vielen. Wenn jemand zeigt, daß Alles Eins ist durch das Teilhaben an dem Einen und zugleich Vieles durch das Teilhaben an der Vielheit, so ist das nicht ungereimt. Aber wenn Einer das substantiell Eine als Vieles und ebenso das substantiell Viele als Eins nachweis't, so werde ich mich darüber wundern. Und ebenso ist es mit allem Andern. Wenn einer nachweisen könnte, daß den

Gattungs- und Artbegriffen selbst diese entgegengesetzten Prädikate zukommen, so wäre es zu verwundern; wenn aber einer mir das Prädikat des Vielen dadurch anbewiese, daß ich in verschiedenen Beziehungen, nach rechts und links, vorn und hinten, oben und unten, steh', und wiederum, daß ich Eins bin, weil ich hier Ein Mensch unter Menschen bin, so ist das nichts zum Verwundern, denn ich habe Teil an der Vielheit und an dem Einen. Wenn nun überhaupt jemand zeigt, daß die konkreten Dinge zugleich Eins und Vieles sind, so weis't er die Prädikate Vieles und Eins nach, aber nicht, daß das Eine als Subjekt das Prädikat Vieles und das Viele als Subjekt das Prädikat Eins habe; wogegen niemand Widerspruch erhebt. Wenn aber jemand zuerst die Begriffe scheidet und selbständig für sich setzt, wie Aehnlichkeit und Unähnlichkeit und Vielheit und Eins und Bewegung und Ruhe und alles derartige, und dann nachweist, daß bei diesen unter einander eine Verbindung und Trennung stattfindet, dann würde ich darüber freudige Bewunderung empfinden. Du hast da ganz wacker spekuliert, Zeno, aber ich würde das doch viel höher anschlagen, wenn jemand dieselbe widerspruchsvolle Verknüpfung der Begriffe, wie Ihr sie in Beziehung auf die konkreten Dinge vorgenommen habt, so auch im abstrakten Gebiete nachweisen könnte.

Nach dieser Aeußerung des Sokrates sehen sich Parmenides und Zeno wider Erwarten des Pythodorus, der geglaubt hatte, sie würden sich darüber ärgern, mit einem Lächeln an, das die Anerkenung des Sokrates ausspricht, und dann fragt ihn Parmenides, nachdem er ihm zuvor die Anerkennung wegen seines philosophischen Strebens ausgesprochen hat, ob die objektive Trennung von Ideen und der daran teilnehmenden Dinge von ihm selbst herrühre und ob die Ideen, wie Aehnlichkeit, Einheit, Vieles und alle die Begriffe, mit denen Zeno operiert habe, ihm wirklich ein objektives selbstständiges Sein zu haben schienen. Als Sokrates diese Frage bejaht, fragt Parmenides, ob es ebenso von dem Gerechten, Schönen und Guten u. dergl. Ideen gebe. Auch diese Frage bejaht Sokrates. Als sich dann jener nach den Ideen der konkreten Dinge, Mensch, Feuer, Wasser, erkundigt, gesteht Sokrates seinen Zweifel in dieser Beziehung ein. Ueber die Ideen von Haar, Lehm, Schmutz u. dgl. verächtlichen Dingen jedoch befragt, leugnet er deren Existenz; vielmehr decke sich hier deren Sein mit ihrer anschaubaren Wirklichkeit, jedoch gesteht er ein, daß ihm der Gedanke der Ausnahmslosigkeit der Idee schon viel Kopfzerbrechens gemacht habe, nur veranlasse ihn die Furcht, sich in ein Meer von Lächerlichkeiten zu stürzen, denselben immer wieder fallen zu lassen, während er die Spekulation über die Ideen, die er vorher zugegeben hatte, festhalte. Hierin sieht jedoch Parmenides nur ein Zeichen, daß ihn die Philosophie noch nicht vollständig gepackt habe, wie sie ihn nach seiner Meinung noch packen werde, indem er jetzt seiner Jugend wegen noch in den Vorurteilen der Menge befangen wäre, dann aber werde er kein Ding verächtlich finden.

Jedenfalls also giebt es nach Sokrates Ideen von Qualitäten oder Eigenschaften, wie vom Aehnlichen, Großen, Schönen, Gerechten, durch Teilnahme woran der entsprechende Teil unsrer Erfahrungswelt entsteht und begriffen wird. Es kommt also auf die Art und Weise dieser Teilnahme oder der Beziehung der Ideen und Erscheinungen zu einander an. Es werden vier Arten dieser Beziehungen kritisiert, von denen zwei Parmenides, zwei Sokrates vorbringt. Erstens nämlich fragt Parmenides, ob jedes einzelne Teilnehmende an der ganzen Idee oder an einem Teile derselben Teil nimmt; denn ein Drittes wäre wol nicht möglich. Als Sokrates die Teilnahme eines jeden an der ganzen Idee für möglich hält, wirft ihm Parmenides ein, in diesem Falle müßte das Eine und Identische in vielem Besonderen zugleich ganz und also von sich selbst gesondert sein. Sokrates sucht seine Behauptung durch eine Vergleichung der Idee mit dem Tage zu stützen, der als der eine und identische überall zugleich und dennoch nicht von sich selbst gesondert sei. Parmenides setzt an Stelle dieser Vergleichung der Idee mit dem Lichte die mit einem Laken, das eine Menge Menschen überdeckt. In diesem Falle würde auf jeden Menschen nicht das ganze Laken, sondern nur ein Teil desselben kommen. So würde also die Idee teilbar sein und die Eigenschaft, Eins zu sein, verlieren. Besonders ungereimt würde diese Beziehung bei der Idee des Großen, Gleichen und Kleinen sein. Denn es würde Etwas groß werden durch einen Teil des Großen, also etwas, was kleiner wäre als das Große. Ferner würde das Gleiche durch etwas, was kleiner ist, gleich sein. Klein aber würde etwas durch eine Hinzufügung eines Teils des Kleinen sein, während es durch diese Hinzufügung doch größer sein müßte als früher.

2. Nachdem sich Sokrates damit einverstanden erklärt hat, daß die Teilnahme der Dinge an den Ideen weder eine solche an einem Ganzen noch an Teilen sein kann, erklärt Parmenides die Annahme der Ideen etwa auf die Weise, daß

Sokrates Eigenschaften der Dinge, wie die groß zu sein, bei allen Anschauungen als identische Erscheinung erkannt und deshalb das Große als Eins gesetzt habe. Sokrates räumt das ein. Aber, sagt Parmenides, wenn man nun das Große als Idee, die besonderen Erscheinungen desselben als reine Vorstellungen faßt ($\dot{\varepsilon}\grave{\alpha}\nu$ $\dot{\omega}\sigma\alpha\acute{\upsilon}\tau\omega\varsigma$ $\tau\tilde{\eta}$ $\psi\upsilon\chi\tilde{\eta}$ $\dot{\varepsilon}\pi\grave{\iota}$ $\pi\acute{\alpha}\nu\tau\alpha$ $\H{\iota}\delta\eta\varsigma$), so erscheinet bei beiden wiederum das Prädikat groß als identisch, und es muß also neben der Idee der Größe und dem an ihr Teilnehmenden wiederum eine andere Idee geben, wodurch alles das groß ist, und so ins Unendliche fort, so daß an Stelle jedes Einen unendlich viele Ideen sein werden.

3. Dagegen stellt Sokrates die Möglichkeit auf, jede Idee möchte nur der Begriff sein und nur in Seelen zur Erscheinung kommen ($o\dot{\upsilon}\delta\alpha\mu o\tilde{\upsilon}$ $\dot{\varepsilon}\gamma\gamma\acute{\iota}\gamma\nu\varepsilon\sigma\vartheta\alpha\iota$ $\H{\alpha}\lambda\lambda o\vartheta\iota$ $\H{\eta}$ $\dot{\varepsilon}\nu$ $\psi\upsilon\chi\alpha\tilde{\iota}\varsigma$). Auf diese Weise werde einer jeden die Einheit gewahrt. Doch Parmenides widerlegt diese Annahme auf folgende Weise. Er sagt, jede einzelne Idee ist also Begriff, der Inhalt des Begriffs aber ist ein Seiendes, und zwar das Eine Identische, was er in Allem begreift. Dieses als das Eine und Identische in Allem begriffen wird also eine Idee sein und also ein Begriff, und es wird also Alles begreifen müssen oder, obgleich es Begriff ist, ohne Begriff sein. Sokrates erkennt diese Beweisführung an und bestimmt

4. die Ideen als die unveränderlichen Urbilder in der Natur ($\H{\omega}\sigma\pi\varepsilon\rho$ $\tau\alpha\rho\alpha\delta\varepsilon\acute{\iota}\gamma\mu\alpha\tau\alpha$ $\dot{\varepsilon}\sigma\tau\acute{\alpha}\nu\alpha\iota$ $\dot{\varepsilon}\nu$ $\tau\tilde{\eta}$ $\varphi\acute{\upsilon}\sigma\varepsilon\iota$) und die Teilnahme der sichtbaren Welt an ihnen als eine Nachbildung derselben. Aber, sagt Parmenides, dann ist doch das Urbild dem Nachgebildeten, soweit dieses jenem ähnlich gemacht ist, als das Nachgebildete dem Urbilde ähnlich. Es

haben also beide teil an der Aehnlichkeit, und es muß also wiederum eine dritte Idee geben, an der sie teilnehmen, um ähnlich zu sein. Diese aber wird auch wiederum ähnlich sein, und es muß also von neuem eine Idee angenommen werden, wodurch sie ähnlich wird, und so ins Unendliche fort. Durch Aehnlichkeit also kann die Erfahrungswelt an den Ideen nicht teilnehmen.

Nachdem also diese vier Arten der Beziehung zwischen den Ideen und der Erfahrungswelt zurückgewiesen sind, fügt Parmenides einen noch schwerwiegenderen Einwurf gegen das Fürsichsein der Ideen hinzu, daß man nämlich keinen widerlegen könnte, der deren Erkennbarkeit leugnete, wenn er nicht von besonderer philosophischer Begabung und Bildung wäre und den guten Willen hätte, einer tief ausholenden und umfassenden Spekulation zu folgen. Der Einwurf besteht also darin, daß wir, im Falle es Ideen giebt, sie nicht erkennen können, woran sich zweitens der umgekehrte schließt, daß ebensowenig die Götter die Erscheinungen derselben erkennen und beherrschen können.

1. Die Ideen sind für sich; also auch die Ideen, die den Beziehungen der Erfahrungswelt entsprechen; hier sind die Beziehungen an Substanzen gebunden, es sind also Eigenschaften oder Accidentien, wie die Eigenschaft, Sklave oder Herr zu sein, eine Eigenschaft oder Accidens des Menschen ist. Die dieser Beziehung entsprechende Idee ist aber substantieller Natur, Sklaverei und Herrschaft sind nicht an andere Begriffe gebunden, sondern stehen als für sich seiende Ideen in Beziehung zu einander; aber nicht in Beziehung zu unserer Welt und umgekehrt. So ist auch das Wissen ein Beziehungsbegriff, der hier an den Begriff des Menschen gebunden ist,

dort aber als Idee ist das Wissen ein unmittelbares substantielles Correlat der Wahrheit. Da nun die Idee des Wissens nicht in uns ist, so können wir auch die Wahrheit an und für sich, die Ideen, nicht erkennen. Ebenso sind 2. das Wissen und die Herrschaft der Götter umgekehrt ideal ($\mathit{\mathring{α}κριβεστάτη}$), und sie haben nicht das Wissen und die Herrschaft über unsere Welt; denn die Ideenwelt und die Erfahrungswelt stehn in keiner Beziehung ($\mathit{δύναμιν\ οὐκ\ ἔχουσι}$) zu einander.

Diese beiden Einwürfe können wir also in dem zusammenfassen, daß, wenn es Ideen giebt, zwischen diesen und der Erfahrungswelt überhaupt keine Beziehung bestehen kann, alsdann also zwei selbständige und absolut getrennte Welten angenommen werden müßten. Diese Einwürfe, fügt er nochmals hinzu, wären außerordentlich schwer zu widerlegen, und es gehöre ein guter Verstand dazu zu begreifen, daß die Allgemeinbegriffe für sich seiende Substanzen sind, noch bewunderungswürdiger aber sei der, der das alles selbständig ergründen und anderen lehren könne. Und dennoch, redet er den Sokrates an, der ihm aus voller Seele beigestimmt, wenn man nicht Ideen des Seienden setzt und jedes Seiende einer Idee zuteilt, die in jedem Einzelnen stets identisch ist, so wird die Möglichkeit des Denkens und des Gedankenaustausches ($\mathit{ἡ\ τοῦ\ διαλέγεσθαι\ δύναμις}$) aufgehoben, und das scheinst Du auch lebhaft empfunden zu haben; was Sokrates bejaht.

Aber wie soll man nun aus diesem Zweifel wegen der Philosophie herauskommen? Durch die Uebung in der dialektischen Methode, die Zeno angewendet hat, sagt Parmenides, nur daß man erstens dieselbe nicht sowohl auf die Anschauungen als die Begriffe anwendet — was eben Sokrates vorhin gefordert hatte und wodurch, wie derselbe jetzt sagt und Parmenides zugiebt, leicht bewiesen werden könnte, daß dem Seienden entgegengesetzte Prädikate, wie gleich und ungleich, zukommen könnten; und zweitens müsse die Hypothese von jedem Allgemeinbegriffe und seinem Gegenteil das jedesmalige Prädikat sowohl bejahen als verneinen und dann aus beiden Hypothesen die Folgerungen für beide, den Begriff und sein Gegenteil, in Beziehung sowohl auf sich selbst als zu einander gezogen werden. Parmenides, von Sokrates und den übrigen Anwesenden bestürmt, versteht sich nach anfänglichem Sträuben dazu, eine Probe einer solchen Dialektik zu geben, oder, wie er sagt, das philosophische Spekulationsspiel zu treiben ($\pi\varrho\alpha\gamma\mu\alpha\tau\varepsilon\iota\omega\delta\eta$ $\pi\alpha\iota\delta\iota\grave{\alpha}\nu$ $\pi\alpha\acute{\iota}\zeta\varepsilon\iota\nu$), und da es ihm am nächsten liegt, von seinem eigenen Satze auszugehen, so setzt er I. die Hypothese: Wenn Eins ist, und zieht daraus die Folgerungen 1) für das Eine und 2) sein Gegenteil, das Andere, und II. Wenn Eins nicht ist, und zieht daraus dieselben zwei Arten der Folgerungen, so daß sich also zwei Hauptabteilungen ergeben, deren jede wiederum in zwei Teile zerfällt.

I. Wenn Eins ist, was folgt 1) daraus für das Eine? A. Das Eine ist nicht Vieles, also giebt es a) keinen Teil von ihm und b) ist es auch kein Ganzes. Denn der Teil gehört immer zu einem Ganzen, und das Ganze ist der Inbegriff von allen Teilen. In beiden Fällen also würde das Eine aus Teilen bestehn und also nicht Eins, sondern Vieles sein. Da es keine Teile hat, so hat es c) auch keinen Anfang noch Ende noch Mitte, ist also d) unendlich, e) ohne Gestalt, denn es ist α. weder krumm (kreisförmig), noch

β. gerade. Denn krumm (kreisförmig) ist das, dessen Enden überall gleichweit von der Mitte abstehn, gerade aber das, dessen Mitte vor den beiden Enden liegt. Deshalb ist es f) an keinem Orte, weder α. in sich, noch β. in einem anderen. Denn wäre es in einem anderen, dann würde es von diesem in einer krummen Fläche umfaßt werden und mit dieser in vielen Punkten Berührungen eingehn, nun ist es aber nicht krumm und hat auch keine Teile, kann also nicht umfaßt und auch nicht an vielen Stellen berührt werden. β. kann es auch nicht in sich selbst sein, dann wäre es sowohl das Umfassende wie das Umfaßte, und zwar würde es als das Umfassende ein anderes sein wie als das Umfaßte, da dasselbe nicht als Ganzes zugleich umfassen und umfaßt werden kann, so aber würde das Eine nicht mehr Eins, sondern Zwei sein. Also ist es in keinem Orte, weder in einem andern noch in sich selbst. Weil es also keinen Ort hat, kann es g) weder α. bewegt werden, noch β. ruhn. Denn würde es bewegt, so würde es entweder sich räumlich oder qualitativ verändern; wenn aber das letztere, so kann das Eine unmöglich noch Eins sein; wenn jenes, so müßte es entweder α' rotieren oder β' den Ort vertauschen. Rotierte es, so müßte es notwendig eine Mitte haben, um die es rotierte und Teile, die um die Mitte rotierten; da es beides nicht hat, kann es nicht rotieren. Wie es aber ferner an keinem Orte ist, so kann es noch weniger in einen kommen. Denn wenn etwas in einen Ort kommt, so ist es weder schon ganz in demselben noch auch noch ganz außerhalb desselben; wenn also diese Bewegung einem Dinge zukommt, so muß dasselbe Teile haben, von denen der eine schon darin ist, während zu gleicher Zeit der andere noch draußen ist. Das Eine hat aber weder Teile noch ist es ein Ganzes. β. auch ruhn kann es nicht. Denn es ist niemals in demselben, weil es dann in einem Bestimmten sein müsse (ὅτι ἤδη ἂν ἐν ἐκείνῳ εἴη ἐν ᾧ τῷ αὐτῷ ἐστίν), nun kann es aber weder in sich noch in einem andern sein; also ist es niemals in demselben; was aber niemals in demselben ist, ruht nicht. Ferner wird das Eine h) auch nicht α. dasselbe mit sich oder mit einem andern und β. nicht ein anderes von sich oder einem andern sein. Denn wäre es ein anderes von sich, so wäre es ein anderes als Eins, also nicht Eins. Und wäre es dasselbe mit einem Andern, so wäre es dies und auch nicht Eins, sondern eben ein Anderes als Eins. Ein Anderes von einem Andern kann es aber auch nicht sein. Denn es gehört nicht zum Wesen des Einen, ein Anderes zu sein, sondern nur zum Wesen des Andern. Das Eine wird also nicht durch das Einssein ein Anderes sein, also auch nicht durch sich selbst, also auch nicht selbst; wenn es aber selbst keineswegs ein Anderes ist, wird es von Nichts ein Anderes sein. Dasselbe aber mit sich wird es aus folgendem Grunde nicht sein. Das Wesen des Einen und das Desselbigen sind verschieden. Denn wenn etwas mit einem dasselbe wird, wird es damit nicht Eins; sonst müßte es auch, wenn es mit Vielem dasselbe wird, Eins werden. Wenn also das Eine mit sich dasselbe sein wird, wird es nicht Eins mit sich sein; und so wird es, obgleich es Eins ist, Eins nicht sein, was unmöglich ist.

Ebensowenig wird es i) ähnlich oder unähnlich sein, weder mit sich noch mit einem andern. Denn ähnlich ist das, was dieselbe Eigenschaft hat. Das Wesen Desselbigen und das

Eine aber haben sich als verschieden herausgestellt. Wenn nun also das Eine noch eine Eigenschaft hätte, verschieden von dem Einen, so würde es die Eigenschaft haben mehr zu sein als Eins, das ist aber unmöglich. Da es also niemals die Eigenschaft Desselbigen haben kann, kann es weder sich noch einem Anderen ähnlich sein. Unähnlich aber ist das, das eine andere Eigenschaft hat. Nun aber kann das Eine auch keine andere Eigenschaft haben, da es sonst ebenfalls die Eigenschaft hätte mehr zu sein als Eins, also kann es auch nicht unähnlich sein, weder sich noch einem andern. Deshalb ist es auch k) weder α. gleich noch β. ungleich mit sich oder einem anderen. Wäre es α. gleich so müßte es mit jenem, mit dem es gleich ist, dasselbe Maß haben; weil dem Einen aber nicht das Prädikat dasselbe zukommt, kann ihm auch nicht dasselbe Maß als Prädikat zukommen. Ist es β. ungleich, so ist es α' entweder commensurabel oder β' incommensurabel mit dem, wovon es ungleich ist. Ist es nun ungleich mit einem Commensurabeln, so hat es mehr oder weniger von den gemeinschaftlichen Maßen, das heißt, es hat mehr oder weniger Teile. Ist es β' incommensurabel mit einem Ungleichen, so hat es ein größeres oder ein kleineres Maß, was natürlich schon in α' widerlegt ist; oder es könnte auch mit jedem Maße incommensurabel sein und nur Ein Maß für sich selbst oder sich selbst zum Maße haben, dann würde es dem Maße gleich sein; aber auch das ist unmöglich, da es keinem gleich sein kann. l) kann es nicht älter noch jünger noch gleichalterig sein; denn sonst müßte es an der Gleichheit oder Ungleichheit, nämlich der Zeit und der dadurch bewirkten qualitativen Gleichheit und Ungleichheit, teil haben; was oben widerlegt ist.

m) kann es aber auch überhaupt nicht in der Zeit sein, denn was in der Zeit ist, muß immer älter und zugleich jünger werden als es selbst und auch mit sich gleichalterig sein. Also müßte das Eine, wenn es in der Zeit ist, zugleich älter und jünger werden als es selbst und mit sich gleichalterig sein; das ist aber schon vorhin als unmöglich bewiesen.

Daß das, was in der Zeit ist, älter werden und sich gleichalterig sein muß, giebt Sokrates ohne weiteres zu; daß es aber auch jünger wird im Verhältniß zu sich selbst, muß ihm Parmenides beweisen, und zwar geschieht das so: Correlative Gegensätze (διάφορον ἕτερον ἑτέρου) haben immer dasselbe Verhältnis des Seins; der eine ist, ist gewesen, wird sein oder wird immer zugleich mit dem andern. Nun sind das Aeltere und das Jüngere solche correlative Gegensätze, also werden sie immer mit einander; was also älter wird als es selbst, muß auch jünger werden. —

Wenn aber also das Eine nicht in der Zeit ist, so hat es keine Vergangenheit, noch Zukunft, noch Gegenwart, also war es nicht geworden, wurde nicht und war nicht, ist nicht geworden, wird nicht und ist nicht, wird nicht geworden sein, wird nicht werden und nicht sein. Da dies aber die einzigen Erscheinungsformen des Seins sind, so kommt ihm keine Form des Seins zu, also ist es nicht; also ist es auch nicht Eins. Was aber nicht ist, dem kann auch keine Eigenschaft oder Beziehung sein, (οὐκ ἂν εἴη τι ἢ αὐτῷ ἢ αὐτοῦ). Also gilt von ihm kein Begriff (ὄνομα), keine Definition (λόγος), kein Wissen, keine Vorstellung, keine Wahrnehmung. Aber, fragt er den Sokrates, ist es möglich, daß das mit dem Einen sich so verhält? eine Frage, die Sokrates verneint.

B. Wenn Eins ist, so hat es Teil am Sein. Also ist das Sein ein Accidens vom Einen, (καὶ ἡ οὐσία τοῦ ἑνός ἐστι), ohne dasselbe wie das Eine zu sein, denn es ist doch nicht einerlei zu sagen Eins Eins und Eins ist, das Eine hat also Teil am Sein, und das Sein ist ein Anderes als das Eine. Wenn das aber, so hat das seiende Eine Teile. Denn wenn ich von dem seienden Einen das Eine und das Sein prädiziere, und diese sind nicht einerlei, so ist doch das seiende Eine das Ganze und das Sein und das Eine die Teile. Und zwar sind diese Teile nicht Teile für sich, sondern Teile zu einem Ganzen, dem seienden Einen. Es wird sich also das Ganze wiederum zerteilen auf die Teile, das Eine vom Sein und das Sein vom Einen haben; also hat jeder Teil wieder zwei Teile u. s. f., so daß die Teilung ins Unendliche geht. Das seiende Eine ist also unendlich teilbar und Vieles. Aber 2) wenn das Eine ist, ist auch das Sein für sich Vieles. Denn das seiende Eine wurde Vieles durch das Sein. Wenn wir aber das Eine als bloßen Begriff fassen, so ist es eben absolut Eins, also etwas anderes Anderes als Sein, und hat daran nur Teil. Wenn nun das Eine ein Anderes und das Sein ein anderes, so wird nicht das Eine durch das Eine und das Sein durch das Sein ein anderes, das eine vom andern, sondern sie sind andere eben durch ein anderes. Das andere ist also nicht dasselbe weder mit dem Einen noch mit dem Sein; wenn ich also die Begriffe Eins und Sein, Sein und Anderes, Eins und Anderes verbinde, so habe ich jedesmal ein Paar, also 2, von denen jedes wieder eines ist. Setze ich nun eins mit einem Paar zusammen, so habe ich drei. Also habe ich Paar und Unpaar. Mit 2 ist aber auch 2mal, mit 3 3mal gegeben, denn 2 ist 2mal eins und 3 3mal eins. Mit 2 und 2mal ist 2mal zwei, mit 3 und 3mal 3mal 3, kurzum alle Produkte der geraden und ungeraden Zahlen mit einander gegeben. Damit ist jede Zahl gegeben. Wenn also Eins ist, muß notwendig die Zahl sein und darum Vieles und zwar eine unendliche Menge des Seienden, denn die Zahl ist unendlich und hat Teil am Sein. Wenn nun aber jede Zahl Teil am Sein hat, hat auch jeder Teil der Zahl, d. h. jeder Bruch, Teil daran. Auf alles also, das Vieles ist, ist das Sein verteilt, auf das Größte und Kleinste, es giebt also unendlich viele Teile des Seins. Deßhalb ist 3tens auch das Eine Vieles. Denn jeder Teil des Seins ist eben nicht $\mu\eta\delta\grave{\epsilon}\nu$, sondern $\overset{\mathit{,}}{\epsilon}\nu$. Jeder Teil hat also als Prädikat das Eine, sowohl der größere als kleinere. Wo aber das Eine zugleich vielfach ist, kann es nicht zugleich ganz sein, also ist es geteilt mit jedem Teil des Seins. Das Teilbare aber ist so groß als seine Teile. Also ist das Sein in nicht mehr Teile geteilt als das Eine. Also ist das Eine durch das Sein ebenfalls unendlich geteilt. Also ist nicht nur das seiende Eine Vieles, sondern das Eine selbst von dem Seienden in Vieles geteilt.

So ist also das Eine a) sowohl Eins als Vieles und b) sowohl Ganzes als Teile. Aber auch c) begrenzt und unbegrenzt; begrenzt, insofern es ein Ganzes ist ($\kappa\alpha\tau\grave{\alpha}$ $\tau\grave{o}$ $\ddot{o}\lambda o\nu$); denn das Ganze umfaßt seine Teile, das Umfassende aber ist Grenze; unbegrenzt aber an Menge oder Zahl. d) hat es Anfang, Mitte und Ende. Denn ohne diese drei Momente giebt es kein Ganzes. Also hat es e) Gestalt, gerade, krumme oder eine aus beiden gemischte. f) ist es so-

Goebel.

wohl in sich als in einem andern. Denn ein jeder Teil ist im Ganzen, also sind alle Teile im Ganzen, alle Teile des Einen sind aber das Eine selbst, also ist das Eine im Ganzen, und das Ganze ist wiederum das Eine, also ist das Eine in sich selbst. Wiederum aber ist das Ganze nicht in den Teilen, ebensowenig in allen oder in einigen wie in einem einzelnen. Denn wäre es in allen, so müßte es notwendig auch in einem einzelnen sein. Denn wäre es nicht in irgend einem einzelnen, so wäre es auch nicht in allen; da nun aber allen das Prädikat einzeln zukommt, in dem Einzelnen aber das Ganze nicht ist, kann es auch nicht in allen sein. In einigen Teilen kann es aber deßhalb nicht sein, weil sonst das Mehr in dem Wenigern wäre, was unmöglich ist. Wenn also das Ganze weder in einem, noch in einigen, noch in allen Teilen ist, so muß es entweder in einem andern oder nirgends sein. Wenn es nirgends wäre, wäre es nichts, es ist aber ein Ganzes, und in so weit es Ganzes ist, muß es also in einem anderen sein, wie es, so weit es die Summe der Teile ist, in sich ist. Vermöge dieser Eigenschaften aber muß es g) sich bewegen und ruhn. Denn was immer in demselben ist, ruht; das Eine ist in sich, also in Einem und geht niemals aus dem Einen heraus, also ist es immer in demselben und ruht.

Weil es aber auf der andern Seite immer in einem andern ist, ist es niemals in demselben und ruht nicht, sondern bewegt sich. h) folgt aus den vorher angezeigten Eigenschaften, daß es α. sowohl identisch mit sich als ein anderes von sich und β. auch identisch und ein anderes in Beziehung auf das Andere ist. Denn jedes hat zu Jedem eins der drei Verhältniſſe, entweder iſt es dasſelbe oder ein anderes oder es ſteht mit ihm im Verhältniß wie Ganzes und Teil zu einander. Nun kann das Eine von ſich kein Teil ſein, auch nicht ein Ganzes, von dem es ſelbſt ein Teil wäre, auch kann es kein anderes von ſich ſein, alſo iſt es identiſch mit ſich. Wenn aber ferner das Eine auf der einen Seite immer in demſelben mit ſich und auf der andern Seite immer anderswo iſt, ſo muß es notwendig, in ſo weit es in einem andern iſt, ein anderes von ſich ſein, in ſo weit es in demſelben iſt. Was aber ein anderes von etwas iſt, iſt ein anderes von einem anderen. Was β. nicht Eins iſt, iſt alles ein anderes als das Eine und das Eine ein anderes von jenem, alſo iſt das Eine ein anderes von dem Andern. Und ebenſo iſt es identiſch mit dem Andern. Denn es ſteht mit dem Andern α' weder in dem Verhältniſſe des Andersſeins noch β' des Ganzen- oder Teilſeins. α' Das Selbige und das Andere ſind einander entgegengeſetzt, alſo kann das Andere nicht in demſelben, und das Selbige nicht in dem Andern ſein. Wenn aber das Andere nicht in dem Selbigen ſein kann, ſo kann es niemals in irgend einem Seienden ſein, denn wäre es auch nur die geringſte Zeit in einem Andern, ſo wäre es ja in dem Selbigen. Alſo kann das Andre nie in dem Einen noch in dem Nichteinen ſein. Alſo kann durch das Andere das Eine nie ein Anderes von dem Nichteinen ſein; aber auch nicht durch ſich ſelbſt, da keins von Beiden am Andern Teil hat. Alſo iſt das Eine kein Anderes vom Andern. β' ſtehn das Eine und das Andre auch nicht im Verhältniß von Teil und Ganzem zu einander. Denn nicht das Nichteine nimmt teil am Einen, denn ſonſt wäre es nicht das Nichteine, ſondern es wäre irgendwie Eins. Also ist das Nichteine keine Zahl und auch kein Teil vom Einen oder das Ganze zum Einen als Teil. Was aber weder zu einander ein anderes noch Teil noch Ganzes ist, ist mit einander identisch. Also ist das Eine dasselbe mit dem Andern. i) ist es auch ähnlich und unähnlich und nicht α. mit sich und β. dem Andern. Denn das Eine und das Andere sind von einander ein anderes in derselben Bedeutung des Wortes Anderes, b. h. der Begriff Anderes ist zu beiden gleichwertiges Prädikat, in sofern sie aber dasselbe Prädikat haben, sind sie ähnlich. β) Das Eine und das Andre waren identisch mit einander. Das Identische ist dem Andern entgegengesetzt. Nun ist das Eine und das Andere, soweit sie ein anderes zu einander sind, ähnlich; also sind sie nach der contrapositio, κατὰ τοὐναντίον, in so fern sie identisch sind, unähnlich zu einander. Diese beiden Eigenschaften können aber auch auf folgende Weise bewiesen werden. Soweit das Eine dasselbe als Prädikat hat, hat es kein davon verschiedenes, so weit kein verschiedenes keins was unähnlich damit ist, soweit keins, was unähnlich ist, ist es ähnlich; soweit es ein verschiedenes Prädikat hat, ist es nicht ähnlich. Kurzum das gemeinschaftliche Prädikat identisch und Anderes machte beide und jedes einzelne, das Eine und das Andere, ähnlich und nicht ähnlich mit einander. Da nun aber dieselben Prädikate auch für das Eine in Beziehung zu sich selbst bewiesen sind, so machen sie auch das Eine mit sich selbst ähnlich und unähnlich. k) berührt das Eines α. sich und das Andere und β. berührt sich und β' das Andere auch nicht. α. Das Eine ist ganz in sich, wie oben bewiesen, und es ist auch in dem Andern. Soweit es ganz in sich, berührt es sich, und soweit es in dem Andern, berührt es das Andere. β. Was sich berührt, muß continuierlich zu einander sein, d. h. es müssen die Orte des sich Berührenden unmittelbar auf einander folgen. Wenn sich das Eine also selbst berührt, muß es zwei auf einander folgende Orte haben, es muß also aus dem Einen Zwei werden, was nicht möglich ist. β' Bei Berührungen ist immer die Anzahl desjenigen, was sich berührt, um 1 größer als die Anzahl der Berührungen. Soll also eine Berührung stattfinden, so muß das, was sich berührt, Zwei sein. Nun hat das Andere nicht Teil an der Einheit, also ist es nicht Eins und nicht Zwei, überhaupt keine Zahl. Das Eine ist aber nur Eins und nicht Zwei, und darum kann keine Berührung des Einen mit dem Andern stattfinden.

l) ist das Eine α. gleich und β. ungleich mit sich und dem Andern. α. Was weder größer noch kleiner ist, ist gleich. Nun ist das Eine weder größer noch kleiner als es selbst und als das Andere, also ist es gleich mit sich und dem Andern. Der Untersatz wird so bewiesen: Was nicht Größe noch Kleinheit hat, kann auch nicht größer oder kleiner sein. Nun kann in dem Einen Kleinheit und Größe nicht sein. Kleinheit nicht, denn sie müßte entweder im Ganzen oder in einem Teile sein. Wäre sie im Ganzen, so müßte sie entweder gleichmäßig durch das ganze Eines sich erstrecken oder es umfassen. In jenem Falle wäre sie dem Einen gleich, in diesem größer als dasselbe. Die Kleinheit kann aber nicht gleich oder größer als etwas sein oder die Folgen der Größe und Gleichheit bewirken. Im ganzen Einen kann also die Kleinheit nicht sein. Im Teile aber auch nicht, denn sie würde ebenso entweder gleich oder größer sein als der Teil. In dem Seienden kann also die

Kleinheit nicht sein, es ist nichts klein als die Kleinheit selbst. Aber auch Größe nicht, denn es ist nicht möglich, daß etwas groß ist, ohne daß es ein Kleines gibt, das es überragt. Da nun die Kleinheit nicht im Seienden ist, ist auch die Größe nicht darin. Da also die Begriffe groß und klein weder auf das Eine noch auf das Andere angewandt werden können, können diese auch nicht größer oder kleiner sein, also sind sie gleich. Ebenso ist es mit dem Verhältnis des Einen zu sich selbst. Da die Begriffe Größe und Kleinheit auf dasselbe nicht angewandt werden können, ist es weder größer noch kleiner in Beziehung auf sich selbst, also gleich mit sich.

β. α' Das Eine ist in sich, also auch um sich, das Umfassende und Umfaßte zugleich, also größer und kleiner, also mit sich ungleich. β' Das Seiende muß immer irgendwo, d. h. also in etwas sein. Es giebt aber nichts außer dem Einen und dem Andern. Wenn dieses (das Eine und Andere) also irgend wo in etwas sein muß, muß es, da es kein Drittes gibt, in einander sein, also sich gegenseitig umfassend und von einander umfaßt, im Verhältniß zu einander größer und kleiner, also ungleich sein. Daraus folgt auch

m. daß das Eine gleich und ungleich ist an Zahl mit sich und dem Andern. Denn das Gleiche, Größere und Kleinere hat gleich viele, mehr und weniger Maßteile, und darum ist es gleich, mehr und weniger an Zahl. Also hat das Eine dieselben Beziehungen der Menge wie der Größe.

n. hat das Eine Teil α. an der Zeit, und β. ist α' älter und jünger und β' wiederum nicht älter und jünger als es selbst und γ als das Andere. Ebenso ist es δ mit dem Werden. α. Wenn Eins ist, so kommt ihm das Sein zu.

Das Sein ist aber Teilnahme an der Gegenwart, damit an der Zeit. β. Nun schreitet α' die Zeit vorwärts. Also wird das Eine älter, es kann aber nur etwas älter werden, wenn es älter wird als etwas jüngeres; also da es älter als es selbst wird, so wird es zugleich jünger als es selbst. Indem es aber älter wird, muß es aus der Vergangenheit durch die Gegenwart in die Zukunft gelangen, es kann also nicht in die Zukunft, ohne in der Gegenwart zu sein; was es nun wird, das ist es dann, also älter und jünger als es selbst. Das gegenwärtige Sein kommt dem Einen zu durch das Sein überhaupt, denn es ist immer jetzt, wann immer es ist. Also ist und wird es **immer** älter und jünger als es selbst. β' Nun aber wird und ist es auch immer gleicher Zeit mit sich, also ist es auch gleichalterig mit sich, also weder älter noch jünger.

γ. Das Andere ist aber nicht Ein Anderes, sondern mehres Andere, also hat es an einer größern Zahl Teil. Von einer größeren Zahl aber ist das Weniger eher entstanden als das Mehr, das Wenigste also zuerst; dieses aber ist das Eine; also ist das Eine älter als das Andere. γ' Wiederum aber hat das Eine Teile, also auch Anfang, Mitte und Ende. Zuerst aber entsteht der Anfang, und dann die andern Teile und zuletzt das Ganze und also Eine. Also ist das Eine am jüngsten, jünger als das Andere, und das Andere älter als das Eine. γ" Der Anfang und jeder andere Teil ist, soweit er Ein Teil ist, eben Eins; also ist das Eine zugleich mit jedem Anfange und jedem weiteren Fortgange und begleitet alles andere Werdende, bis es zuletzt Ein Ganzes wird. Mit allem Andern hat also das Eine Gleichzeitigkeit und Gleichalterigkeit.

δ. Ebenso wie mit dem Sein ist es mit dem Werden. Das Eine wird älter und jünger als das Andere und auch wiederum nicht. Dem Älteren und Jüngeren bleibt immer die gleiche Differenz des Alters; also kann der Unterschied nicht größer und also das Ältere nicht noch älter und das Jüngere nicht noch jünger im Verhältnis zu einander werden. Aber das Ältere hat mehr Zeit seines Werdens hinter sich als das Jüngere, die Zunahme der Zeit ist aber gleich, also das Verhältnis ihres Alters wird immer kleiner, also im Verhältnis zum Jüngeren wird das Ältere jünger und im Verhältnisse zum Ältern das Jüngere älter. Insofern also das Eine älter und jünger war als es selbst, wird es wiederum jünger und älter als es selbst, und dasselbe findet statt mit dem Alter des Einen und dem des Andern im Verhältnis zu einander.

n. Weil das Eine an der Zeit Teil hat und älter und jünger wird, kommt ihm auch Vergangenheit, Gegenwart und Zukunft zu. Es war, ist und wird sein, wurde, wird und wird werden. Also hat es wie alles andere Eigenschaften und Beziehungen, hatte sie und wird sie haben; also giebt es Wissen, Vorstellung, Wahrnehmung, Begriff und Urteil von ihm; kurzum alle Kategorien der Erfahrungswelt können auf dasselbe angewendet werden.

C. Aus der Kombination der im Vorhergehenden gewonnenen Resultate, daß das Eine sowohl Eins ist als Vieles und weder Eins noch Vieles und daß es an der Zeit teil hat, folgt, daß es, soweit es Eins ist, zu Zeiten am Sein teil hat, und soweit es nicht Eins ist, zu Zeiten wiederum nicht am Sein teil hat. In einer andern Zeit also hat es teil am Sein, und in einer andern wiederum nicht, es nimmt also teil daran und läßt wiederum davon ab, d. h. es wird und vergeht. Indem es nun aber Eins und Vieles wird und als Eins und Vieles auch wieder vergeht, so wird es Vieles, wenn es als Eins vergeht, und Eins, wenn es als Vieles vergeht, es wird also zusammengesetzt und aufgelöst. Und ebenso wird es ähnlich und unähnlich, wird vergrößert, verkleinert und gleich gemacht. Wann jedoch das Eine aus der Bewegung zur Ruhe kommt oder aus der Ruhe in die Bewegung übergeht, so ist es in gar keiner Zeit. Denn was in der Zeit ist, muß entweder sich bewegen oder ruhn. Was aber von der Bewegung zur Ruhe oder von der Ruhe zur Bewegung übergeht, ist eben im Uebergange begriffen und bewegt sich und ruht nicht, ist also nicht in der Zeit. Der Uebergang ist daher plötzlich, ein sonderbarer zeitloser Zwischenzustand zwischen der Bewegung und der Ruhe, die Indifferenz beider, in die die beiden Zustände umschlagen, um daraus in einander überzugehn. So wird also das Eine, da es sich sowohl bewegt als ruht, in diese Indifferenz übergehn und da zeitlos sein und sich weder bewegen noch ruhen. Und ebenso verhält es sich mit den andern Veränderungen. Wenn es aus dem Sein zum Vergehn oder aus dem Nichtsein zum Werden übergeht, so ist es indifferent in Beziehung auf die entsprechenden Bewegungen und Ruhestände und ist dann weder, noch ist es auch nicht, wird nicht und vergeht nicht. Und aus demselben Grunde wird es bei dem Uebergange vom Einen zum Vielen und umgekehrt weder aufgelöst noch zusammengesetzt, und bei denen vom Ähnlichen und Unähnlichen weder ähnlich noch unähnlich gemacht, ebensowenig wird es bei der entsprechenden Veränderung vergrößert oder verkleinert oder gleich gemacht.

2. Wenn Eins ist, welche Eigenschaften oder Prädikate kommen dann dem andern zu? (τἆλλα τοῦ ἑνὸς τί χρὴ πεπονθέναι;)

A. Das Andere ist, da es eben Anderes als Eines ist, nicht Eins, aber es nimmt in gewisser Beziehung teil am Einen. Denn es hat Teile, weil es, wenn es keine Teile hätte, schlechterdings Eins wäre; Teile gehören aber zu einem Ganzen; das Ganze aber ist Eins aus Vielem, dessen Teile eben die Teile sind. Denn es kann kein Teil Teil von Vielem oder Allem sein. Denn wenn er Teil von Vielem wäre, worunter er selbst wäre, so würde er einerseits ein Teil von sich selbst sein, was unmöglich ist, und andererseits ein Teil von einem jeden der anderen. Denn wenn er von Einem kein Teil wäre, so wäre er ein Teil der andern außer diesem, und so würde er nicht ein Teil von einem jeden sein, wenn er aber nicht von einem jeden Teil ist, wird er von keinem der vielen ein Teil sein, wenn er aber von keinem Teil ist, kann er auch unmöglich von allen Teil sein. Der Teil ist also weder Teil von Vielem noch von Allem, sondern von einer Idee und Einheit, die wir ein Ganzes nennen, das eine vollendete Einheit aus Allem geworden. Also hat das Andere, wenn Teile, auch Teil am Ganzen und Einen, und es ist also a. das Andere Ein vollendetes Ganze. Aber b. hat auch jeder einzelne Teil an dem Einen Teil. Denn ein Einzelnes sein bedeutet eben Eins für sich sein, abgetrennt von dem Andern. c. ist es α. unendlich (unbegrenzt) und β. endlich (begrenzt). α. Das Andere ist Vieles, denn es ist nicht Eins, und wenn es weder Eins noch mehr wäre, wäre es nichts. Da es nun mehr als Eins ist, obwohl es am Einen als Ganzem und als Teil teil hat, so muß es notwendig, wann es am Einen teil nimmt, noch nicht teil daran genommen haben und dann also Vielheit sein. Wenn man nun aber hiervon nur das möglichst Wenige in Gedanken fortnimmt, so ist dasselbe, da es nicht am Einen teil hat, auch Vielheit und nicht Eins. Und wenn wir so fortfahren und die bloße Ausdehnung ($\tau\grave{\eta}\nu$ $\dot{\varepsilon}\tau\acute{\varepsilon}\rho\alpha\nu$ $\varphi\acute{v}\sigma\iota\nu$ $\tau o\tilde{v}$ $\varepsilon\check{\iota}\delta o v\varsigma$) ins Auge fassen, so kommen wir auf eine unendliche Vielheit. β. Nun aber, in so fern jeder Teil ein besonderer Teil ist, haben die Teile Grenzen gegen einander und gegen das Ganze und das Ganze gegen die Teile. Das Andere also, das Nichteine, ist durch die Vereinigung seiner Natur mit der des Einen ein Besonderes für sich, das gegen ein Anderes Grenze hat, nach seiner Natur an und für sich unendlich (unbegrenzt). d. ist es α. ähnlich und β. unähnlich mit sich und unter einander. Denn α. insofern Alles unendlich nach seiner Natur, hat es dasselbe Prädikat. Und in so fern Alles Grenze hat, hat es auch dasselbe Prädikat. In so fern es aber beides zugleich ist, hat es entgegengesetzte Prädikate, das Entgegengesetzte ist aber eben unähnlich. In Beziehung also auf jedes einzelne Prädikat ist das Andere mit sich einerlei, durch beide Prädikate aber ist es nicht einerlei mit sich und unter einander. Und ebenso kommen ihm die andern Gegensätze als Prädikate zu, das Identische und Andere, Bewegung und Ruhe u. s. f.

B. Auf gleiche Weise aber kommen sie ihm auch nicht zu, wenn Eins ist. Denn a. hat das Andere nicht teil am Einen, und ist b. auch nicht Vieles. a. Das Eine und das Andre sind getrennt von einander, denn mit dem

Einen und dem Andern ist alles gegeben, und es giebt daneben nichts Drittes, worin sie zugleich sein könnten. Auch Teile hat das wahre Eine nicht. Also ist weder das ganze Eine noch Teile von ihm im Andern. Also hat auf keine Weise das Andre Teil am Einen, es ist weder Eins noch hat es Eins in sich. Also ist das Andre auch nicht Vieles, denn sonst wäre ja jeder einzelne Teil des Vielen Eins, also ist es selbst auch nicht 2 oder 3, noch sind diese Zahlen in ihm. c) ist das Andere auch nicht ähnlich und unähnlich. Denn würden beide Prädikate von ihm ausgesagt, so hätte es zwei Gegensätze in sich, da es aber an dem Einen nicht teil hat, hat es auch an der Zwei nicht teil. Es kann also weder einer von diesen Gegensätzen noch alle zwei von ihm ausgesagt werden. Ebenso ist es auch nicht identisch oder verschieden; nicht bewegt oder ruhend, nicht werdend oder vergehend; weder größer noch kleiner noch gleich; denn wenn von diesen dem Andern ein Prädikat zukäme, so würde es am Einen, an der Zwei, der Drei, dem Geraden und Ungeraden teil haben, was nicht möglich ist, da es außer aller Beziehung mit dem Einen steht. Also ist, wenn Eins ist, das Eine und das Andere Alles und Nichts in Beziehung auf sich und auf einander.

II. Wenn das Eine nicht ist, was folgt daraus? Diese Frage formuliert sich näher dahin: wenn Eins nicht ist, was muß sein? Denn wenn ich von einem Nichtseienden spreche, so verstehe ich darunter immer ein Anderes. So verstehe ich auch unter dem nichtseienden Einen ein Anderes, es kommt also

1. dem Einen A. a) das Verstanden- oder Gewußtwerden und b) das Andere als Prädikat zu. c) hat es teil am Vielen. Denn es hat an der Besonderung, die durch jenes,

etwas, dieses und dergleichen ausgedrückt wird, teil. Denn es würde der Begriff des Einen und des Andern, sowie jedes besondere Sein und jede bestimmte Beziehung und Eigenschaft desselben aufgehoben werden, wenn das Eine nicht an der Besonderheit teil hätte. Wenn das Eine also nicht ist, kann ihm allerdings das Sein nicht beigelegt werden, aber am Vielen teil zu haben ist für dasselbe nicht nur möglich, sondern sogar notwendig, wenn wenigstens das Eine, was nicht ist, ein Besonderes ist. Wenn aber das Eine, das nicht ist, weder das allgemeine ($\mu\acute{\eta}\tau\varepsilon\ \tau\grave{o}\ \acute{\varepsilon}\nu$) noch ein besonderes Eine ($\mu\acute{\eta}\tau\varepsilon\ \grave{\varepsilon}\kappa\varepsilon\tilde{\iota}\nu o$) wäre, so hätte der Satz: Wenn Eins nicht ist, überhaupt keinen Sinn; versteht man jedoch unter dem Einen, was nicht ist, ein Besonderes, so muß das Eine am Besonderen und damit am Vielen teil haben d) hat es α. die Eigenschaft der Unähnlichkeit in Beziehung auf das Andere und β. die der Ähnlichkeit in Beziehung auf sich. α. Denn indem das Andere anders ist wie das Eine, ist es auch anders beschaffen, und das anders Beschaffene ist unähnlich. Das Unähnliche ist aber einem Unähnlichen unähnlich. Es muß also auch das Eine die Eigenschaft der Unähnlichkeit haben, gemäß der das Andere ihm unähnlich ist. β. Wenn das Eine Unähnlichkeit mit dem Einem hätte, so würde das Urteil nicht über das Eine sein und auch die Hypothese nicht vom Einen gelten; es muß also das Eine Ähnlichkeit mit sich selbst haben. e) hat es α. die Eigenschaft der Ungleichheit mit dem Andern und β. auch wiederum teil an der Gleichheit; jenes, denn es ist nicht gleich dem Andern, weil es sonst dem Andern ähnlich an Quantität wäre; deshalb ist auch das Andere dem Einen nicht gleich; was aber nicht gleich ist, ist ungleich, und zwar einem Ungleichen ungleich; also hat das Eine teil an der Ungleichheit. ß. Die Ungleichheit hat aber die Begriffe Größe und Kleinheit in sich. Also ist in dem Einen Größe und Kleinheit, also hat es auch Gleichheit. Denn Größe und Kleinheit haben eine Differenz, und in ihrer Mitte liegt die Gleichheit. Was also groß und klein ist, muß auch die Mitte zwischen beiden haben. Das nicht seiende Eine also hat teil an der Größe, der Kleinheit und der Gleichheit. g) hat es auch teil am Sein. Denn wenn ich das Eine als nicht seiend setze, so setze ich sein Nichtsein als wahr und damit als seiend. Es ist also das Eine nicht seiend. Wenn es nun nicht nicht seiend sein wird, sondern sein Sein des Nichtseins sich nicht behaupten kann, so wird es seiend sein. Es muß also das Sein als Nichtsein sich behaupten, damit es nicht ist, gerade wie beim Seienden das Nichtsein sich nicht behaupten kann. So hat das Seiende teil an dem Sein, seiend zu sein, und an dem Nichtsein, nicht nichtseiend zu sein, um ein vollendetes Sein zu sein, das Nichtseiende aber hat teil an dem Nichtsein, ein Nichtseiendes nicht zu sein, aber an dem Sein, ein Mitseiendes zu sein. Da also das Eine nicht ist, hat es teil an dem Sein, ein Seiendes nicht zu sein. Nun hat es aber auch teil am Nichtsein. Also hat es h) teil an der Veränderung, denn das heißt Veränderung, sich so und auch nicht so zu verhalten. Veränderung aber ist Bewegung. Insofern also das Eine vom Sein sich zum Nichtsein verändert, bewegt es sich. Nun aber kann das keine α. Fortbewegung sein, da es nirgends ist, weil es nicht ist, β. keine Drehung, denn es kann auch nicht in demselben sein, da es nicht ist; γ. keine qualitative Veränderung, da ja das Eine niemals mit sich selbst ungleich sein kann. Also ist das Eine nicht Seiende unbeweglich und ruht. Es kommen ihm also zugleich die Prädikate der Bewegung und der Ruhe zu. Es verändert sich qualitativ und auch nicht, es wird und vergeht und wird nicht und vergeht nicht. —

B. Wenn Eins nicht ist, so ist es absolut (ἁπλῶς) nicht. Also wird es nicht und vergeht es nicht. Denn das Werden ist teil nehmen am Sein, das Vergehn ist das Verlieren des Seins. Also verändert es sich auch nicht, denn sonst würde es werden und vergehn. Also bewegt es sich nicht. Und es ruht auch nicht, denn dann müßte es immer in demselben sein, es ist aber nirgends, da es überhaupt nicht ist. Überhaupt kommt ihm kein Prädikat des Seienden zu, da es nicht ist, weder das der Größe, noch der Kleinheit noch der Gleichheit, auch nicht das der Aehnlichkeit und Unähnlichkeit weder in Beziehung auf sich selbst noch auf das Andere. Auch nicht die Prädikate der individuellen, räumlichen und zeitlichen, Beziehungen, auch nicht Wissen oder Vorstellung oder Wahrnehmung, nicht Begriff noch Urteil. Überhaupt hat das nichtseiende Eine kein Prädikat.

2. Wenn Eins nicht ist, was folgt für das Andere daraus?

A. Das Andere muß doch anderes sein, denn wenn es nicht auch anderes wäre, so könnte von dem Andern gar nichts ausgesagt werden. Das Andere ist ein Anderes. Es kann nun vom Einen kein Anderes sein, da das Eine nicht ist, also ist es ein Anderes von sich. Das Andere ist also jedesmal nach der Menge ein Anderes von sich, da es nach der Einheit kein Anderes sein kann, denn diese giebt es nicht. Es ist also jede Masse, auch die allerkleinste, eine unendliche Menge wie eine Traumerscheinung, die Eine zu sein scheint, plötzlich in viele sich auflöst und nun, wenn sie auch ganz klein war, im Verhältnis zu dem Vielen, was aus ihr herausgeschnitten ist, sehr groß erscheint. Und diese Massen sind also das Andere, das unter einander ein anderes ist. Es giebt also viele Massen, die jedesmal eine zu sein scheinen, es aber nicht sind, da das Eine nicht ist. Und ebenso scheint ihm die Zahl zuzukommen, da jedes einzeln zu sein scheint, während es vieles ist. Also auch das Gerade und Ungerade scheint ihm zuzukommen. Ebenso scheint das Kleinste wiederum in ihm zu sein, und dieses scheint wieder viel und groß im Verhältnis zu jedem des Vielen, das klein ist. Ferner scheint jede Masse dem Vielen und Kleinen gleich zu sein, denn sie würde nicht aus dem Größeren ins Kleinere scheinbar übergehn, wenn man nicht dazwischen den Schein der Gleichheit hätte. Und gegen eine andere Masse eine Grenze habend, hat jede Masse in Beziehung auf sich selbst weder Anfang noch Ende noch Mitte. Denn wenn man in Gedanken etwas von ihr fortnimmt, erscheint immer ein anderer Anfang, ein anderes Ende und eine andere Mitte und immer wieder noch Kleineres, da man Eine Masse für sich nicht fassen kann, weil das Eine nicht ist. Also muß alles Sein in Gedanken in Atome aufgelöst werden. Wenn man also eine solche Masse aus der Ferne oberflächlich betrachtet, ist sie Eins, in der Nähe aber, wenn man scharf erkennt, muß jedes als eine endliche" Menge erscheinen, wenn es der Einheit beraubt ist. Deshalb muß, wenn das Eine nicht ist und das Andere ist, das Andere zugleich unendlich und endlich und Eins und Vieles scheinen, und ebenso ähnlich und unähnlich, identisch und anders, sich berührend und getrennt, bewegt durch alle Arten von Bewegung und ruhend, entstehend und vergehend und keines von beiden, und alles dergleichen.

B. Wenn aber Eins nicht ist, fällt aller dieser Schein wiederum weg. Denn das Andere ist nicht Eins, also auch nicht Vieles, denn im Vielen ist auch das Eine, und wenn Nichts von dem Andern Eins ist, kann es auch nicht Vieles sein. Deshalb kann es auch nicht Eins und Vieles s ch e i n e n. Denn das Andere hat mit dem Nichtseienden absolut keine Beziehung, denn das Nichtseiende hat keine Teile, also kann davon auch nichts bei einem von dem Andern sein. Deshalb giebt es davon keine Meinung und keinen Schein, und es wird das Nichtseiende absolut nicht in Beziehung auf das Andere vorgestellt. Dieses wird also nicht als Eins vorgestellt und deshalb auch nicht als Vieles und nicht als ähnlich und unähnlich u. s. f. Kurzum, wenn Eins nicht ist, ist Nichts. Das Resultat des ganzen dialektischen Prozesses ist also: Mag das Eine sein oder nicht sein, so folgt, daß es selbst sowohl als das Andere, jedes in Beziehung zu sich, und wiederum in Beziehung zu einander, alles und auf alle Weise ist und nicht ist, und ebenso scheint und nicht scheint.

Analyse des ersten, Motivierung und Form des zweiten Teils.

Der Parmenides besteht also außer der Motivierung der Erzählung und der Entstehung des Gesprächs aus zwei Teilen, in dessen erstem Parmenides die Hypothese: daß Ideen sind als unhaltbar zu beweisen sucht, und im zweiten aus den Hypothesen: wenn Eins ist und wenn Eins nicht ist den Widerspruch aller Urteile mit dem principium contradictionis und damit eben die Aufhebung jeglichen Urteils, also des ganzen λόγος im Platonischen Sinne, folgert.

Und zwar läßt Parmenides zunächst im ersten Teile den Sokrates die Begriffe feststellen, denen er den Wert der Idee, d. h. die objektive und für sich bestehende Realität, d. h. ein Sein außerhalb des Denkens und der anschaubaren Dinge zuschreibt. Diese Begriffe sind 1) die Gleichheit, das Eine und Viele und dergleichen; 2) die des Gerechten, Schönen, Guten u. dgl. Dieselbe Scheidung der Begriffe finden wir im Theätet 186: nur daß da dem Gleichen auch noch das Ungleiche entgegengesetzt, statt des Einen und Vielen die Begriffe des Selbigen und des Andern gesetzt und dem Schönen und Guten ebenfalls noch die Gegensätze des Häßlichen und Bösen gegenübergestellt sind. Doch sind auch im Parmenides die Gegensätze als Ideen mit zu verstehen, da Sokrates 129 A und D dieselben Gegensätze als Ideen setzt. Die erstere Art sind die Begriffe, welche die Beziehungen der Dinge zu einander, die zweite diejenigen, welche die Beziehungen des Geistes in der Einheit zusammenfaßen. Was aber drittens die Begriffe der konkreten Anschauungen betrifft, die wir im Gegensatze zu jenen Beziehungsbegriffen, als welche sie im Theätet dort ausdrücklich bezeichnet werden (καὶ τούτων μοι δοκεῖ ἐν τοῖς μάλιστα πρὸς ἄλληλα σκοπεῖσθαι τὴν οὐσίαν), substantielle Begriffe nennen können, so schwankt Sokrates noch, ob er diese auch zu Ideen erheben sollte, zumal die Begriffe wertloser Dinge wie Haare oder Lehm, weshalb Parmenides ihn noch der Befangenheit in Vorurteilen und also des Mangels an Selbständigkeit und Konsequenz zeiht.

Die Widerlegung aber der Hypothese, daß es Ideen, also für sich bestehende reale Allgemeinheiten giebt, und daß unsere Erfahrungswelt (τάδε τὰ ἄλλα) nur durch ihre Beziehung zu jenen (ὧν μεταλαμβάνοντα) Gegenstand unserer Erfahrung wird (τὰς ἐπωνυμίας αὐτῶν ἴσχει), d. h. daß sowohl die Beziehungen der Dinge zu einander, wie ihre Gleichheit und Größe, als auch die des Geistes zu den Dingen, das Gerechte und das Schöne, durch diese Beziehungen verursacht werden, vollzieht sich in zwei Teilen so, daß im ersten aus der Prämisse der Beziehung zwischen den Ideen und den Dingen ihr Sein und im zweiten aus der Prämisse ihres Seins die Beziehung zwischen ihnen und den Dingen widerlegt wird.

Wenn nämlich 1) eine Beziehung zwischen den Ideen und der Erfahrungswelt angenommen wird, so könnte diese entweder wie die des Ganzen zum Teil, oder wie die einer gemeinsamen Eigenschaft zu den anschaubaren Dingen (μία τις ἰδέα ἡ αὐτὴ ἐπὶ πάντα ἰδοτι) oder wie die des Begriffs zu den Gegenständen oder wie die des Urbilds zu den Abbildern sein. Aber alle diese vier Beziehungen widersprechen der Einheit der Idee, und zwar die erste der Einheit als Ganzem, denn sie müßte sich sonst zerteilen oder als Ganzes selbst sich vervielfältigen, die zweite und vierte der Einheit als Zahl, denn die Eigenschaft und die Ähnlichkeit müßten auch der Idee ebensogut zukommen wie den Dingen und also wiederum ein Drittes sein, wodurch diese Gemeinsamkeit verursacht wird, und so ins Unendliche fort, so daß statt Einer Idee unendlich viele für jede Erscheinung gesetzt werden müßten. Die dritte Beziehung aber widerspricht der Einheit des Wesens, denn wenn das Wesen des Gegenstands Begriff wäre, so müßte er selbst begreifen. Nimmt man also eine Beziehung der Idee zu der Erfahrungswelt an, so wird die Einheit der Idee aufgehoben. Aber

Zweitens hebt die Substantialität der Idee ihre Beziehung zu der Erfahrungswelt auf. Denn die Begriffe, die die Beziehungen der Dinge zu einander ausdrücken, d. h. die Relationsbegriffe, werden in der Ideenwelt Substanzen. Knecht und Herr sind hier Accidentien zu Mensch, Herrschaft und Knechtschaft bezeichnen also Beziehungen eines Menschen zu einem andern, sind also Relationen, die Ideen der Knechtschaft und Herrschaft sind aber Substanzen. Ebenso ist es mit dem Wissen der Fall. Das Wissen ist hier eine Beziehung der Seele zu dem Seienden, in der Ideenwelt aber selbst eine Substanz, die zu einer andern Substanz, der Wahrheit, eine unmittelbare Beziehung hat. Unser Wissen ist also ein anderes als das der Idee des Wissens, und da nur durch die Idee die Wahrheit der Ideenwelt erkannt werden kann, können wir diese nicht erkennen. Und ebenso ist die Herrschaft und das Wissen der Götter als vollkommen abstrakt ($ἀκριβεστάτη$) anders als Herrschaft und Wissen in unserer Welt der Erfahrung und kann sich darauf nicht beziehn. Mit der Voraussetzung der Einheit also und der Substantialität der Ideen steht die Möglichkeit einer Beziehung zwischen ihnen und den erscheinenden Dingen in Widerspruch. Und da das wesentliche und erkennbare Sein der Dinge eben in der Beziehung derselben zu den Ideen bestehn soll, so folgt, daß mit den Ideen und ihrer Beziehung auch das Sein und die Erkennbarkeit der Dinge, also auch die Erfahrungswelt, aufgehoben wird, oder da die Beziehung der Idee mit dem Sein und das Sein mit der Beziehung unvereinbar ist, so kann man sagen, daß nach Parmenides sowohl wenn Ideen sind als auch wenn Ideen nicht sind, das wesentliche Sein und die Erkennbarkeit der Dinge aufgehoben wird.

Die Hypothesen des zweiten Teils: Wenn Eins ist und wenn Eins nicht ist, sind also nur Verallgemeinerungen oder vielmehr abstraktere Fassungen von denen des ersten Teils: Wenn die Idee Eins ist, oder da mit dem Prädikate der Einheit die Idee selbst fällt: Wenn Ideen sind und wenn Ideen nicht sind; und es sind also diese Hypothesen nicht nur um der Person des Parmenides willen gewählt, sondern durch den Inhalt des Gesprächs motiviert.

Der Form nach ist aber der zweite Teil, wie Parmenides selbst sagt, eine $πραγματειώδης$ $παιδιά$, und zwar eine $γυμνασία$, ein Spekulationsspiel, denn $πραγματεία$ ist ein sowohl von Plato als Aristoteles oft gebrauchter Ausdruck für philosophische Spekulation, und zwar ein Spiel zur Uebung, wovon Zeno in seiner vorgelesenen Schrift ein Beispiel gegeben, indem er in dialektischem Ernst und Scherz das Sein der Anschauungswelt (τὰ ὁρώμενα) als gegen das principium contradictionis verstoßend zu beweisen und dadurch zu vernichten versucht hatte. Nur wird hier nicht die konkrete Welt der Anschauung, sondern die abstrakte der Begriffe (τὰ λογισμῷ λαμβανόμενα) in ihrer Beziehung zu einander, d. h. das Urteilen, der λόγος, als mit demselben Prinzip unvereinbar dargestellt und aufgehoben. Indem diese dialektische Entwicklung ein der philosophischen Spekulation ähnliches Spiel genannt wird, ist sie nicht ein Muster der Eleatischen Spekulation selbst, sondern eine Nachahmung derselben, in der jedoch der Charakter und Typus jener klar zu Tage treten wird, und als Übungsspiel dient sie zur Vorbereitung für eine wirkliche ernste Spekulation. Eben dieses Spekulationsspiel wird eine πλάνη genannt, gleichsam ein Gang durch ein Labyrinth, indem die konsequente Entwicklung und umfassende Verbindung der Begriffe zu wahrem Urteil, was der Zweck wahrer Dialektik ist, hier in dem Spiele einer labyrinthartigen Verwicklung der Begriffe, die zu allerhand Aporien führt, vorgeübt wird; wie es 186 D heißt: ἀγνοοῦσι γὰρ οἱ πολλοὶ ὅτι ἄνευ ταύτης τῆς διὰ πάντων διεξόδου τε καὶ πλάνης ἀδύνατον ἐντυχόντα τῷ ἀληθεῖ νοῦν ἔχειν. In dieser Bedeutung steht das Wort auch Soph. 245 E, wo auf die Aeußerung des Eleatischen Gastfreundes, daß sich unendlich viele Aporien ergeben, wenn man das Seiende als Eins oder als Zwei setze, Theätet erwidert: δηλοῖ σχεδὸν καὶ τὰ νῦν ὑποφαίνοντα· συνάπτεται γὰρ ἕτερον ἐξ ἄλλου, μεῖζω καὶ χαλεπωτέραν φέρον περὶ τῶν ἔμπροσθεν ἀεὶ ῥηθέντων πλάνην; b. h. schon bei der jetzigen Untersuchung entspinnt sich immer eines aus dem andern, das immer noch bedeutendere und schwierigere dialektische Verwicklungen und Aporien als das Vorhergehende mit sich bringt. Diese dialektische πλάνη τε καὶ διὰ πάντων διέξοδος muß in folgenden Worten des Parmenideischen Gedichtes stecken (bei Karsten 31 und 32); die bei Simplicius in cod. Taur. gelesen werden:

ἀλλ' ἔμπις καὶ ταῦτα μαθήσεται ὡς τὰ δοκοῦντα
χρῆν δοκίμως εἶναι διὰ παντὸς πάντα περῶντα.

Denn es wäre wunderbar, wenn diese den Eleaten so eigenthümliche Disziplin außer der Wahrheit und dem Scheine, die im Vorhergehenden als Gegenstand der philosophischen Erkenntniß aufgeführt werden, nicht auch als Objekt des Wissens angeführt worden wäre. Die Eleatische Dialektik aber wollte beweisen, daß die Anschauungen nur Schein wären, und zwar durch die Kombination der entgegengesetzten Begriffe mit einander, so daß diese Prädikate zu demselben Subjekte werden, die im Parmenides πλάνη genannt wird. Diese πλάνη steckt in den Worten: διὰ παντὸς πάντα περῶντα. Das scheinbare Sein steckt in δοκοῦντα εἶναι, das Beweisen in δοκίμως, wenn man es in δοκιμοῦν ändert, welches Wort im Diogen, Laert. I, 122 bei Pherecydes vorkommt. So würde dem wahrscheinlichen Inhalte und der Ueberlieferung Genüge geschehn, wenn man läse:

ἀλλ' ἔμπης καὶ ταῦτα μαθήσεαι ὡς τὰ δοκοῦντα
χρὴ δοκιμοῦν εἶναι, διὰ παντὸς πάντα περῶντα;

aber zu alle dem wirst Du auch lernen, wie man dieses als das zu sein Scheinende beweisen muß, indem man alles durch jedes hindurch führt; d. h. indem man mit jedem Subjekt (διὰ παντός) alle möglichen Prädikate (πάντα) combiniert und daraus die Konsequenzen zieht. Wir haben also hier ein Beispiel dialektischer Uebung, wie sie diese Schule zur Vorübung für wahre philosophische Spekulation anstellen ließ. Die Form dieses Dialogs also ist ebenso eine Nachahmung des wirklichen Lebens, wie die anderen Dialoge, des Phädon, Symposion, Protagoras, Gorgias, Lysis, in denen das Geschworengericht, das Gastmahl, der ἀγών, das Leben und Treiben im Gymnasium, die sophistische Epideixis nachgeahmt werden. Während demnach Plato die Dialektik der Sophisten als Eristik darstellt, macht er die der Eleaten in der Form der παιδιά anschaulich, wie diese beiden Arten der dialektischen Unterhaltung im Soph. 237 der σπουδῇ, d. h. der ernsten Dialektik entgegengestellt werden, wo der Gastfreund sagt: Μὴ τοίνυν ἔριδος ἕνεκα μηδὲ παιδιᾶς, ἀλλ' εἰ σπουδῇ δέοι συννοήσαντά τινα ἀποκρίνασθαι τῶν ἀκροατῶν . . . . . So ist Inhalt und Form des zweiten Teils motiviert. Um aber dessen inneren Zusammenhang mit dem ersten zu finden, müssen wir seinen dialektischen Gehalt näher untersuchen.

Analyse und Kritik des zweiten Teils.

In der Schlußfolgerung aus der ersten Hypothese also: Wenn Eins ist, werden dem Einen folgende Begriffe als Prädikate abgesprochen: das Ganze, die Grenze, die Gestalt, der Ort, die Bewegung und Ruhe, die Identität und das Anderssein, die Aehnlichkeit und Unähnlichkeit, Gleichheit und Ungleichheit, die Zeit, das Werden, das Sein, der Begriff ($ὄνομα$), das Urtheil ($λόγος$), das Wissen, die Wahrnehmung und Vorstellung; also werden 1) die räumlichen Beziehungen von ihm verneint. Es kann kein Ding im Raume sein, kein Ganzes, darum kann es zu einem andern Dinge im Raum auch keine Beziehung haben, weder die allgemeinere des Ortes, noch die besondere der Grenze und damit auch keine Gestalt, die eben durch die Begrenzung der Teile bestimmt wird. Und ebensowenig eine Veränderung des Ortes, d. h. räumliche Bewegung (die $φορά$). Die andere species der Bewegung, die $ἀλλοίωσις$, worin Plato wohl die beiden andern species des Aristoteles, die $ἀλλοίωσις$ und $αὔξησις$, die qualitative und quantitative Veränderung, zusammenfaßt, gehört zu der zweiten Gattung von Bestimmungen, sie ist eine Veränderung nicht des Dinges als räumlich, sondern als substantiell betrachtet. Diese zweite Gattung also umfaßt die Beziehungen, die ein Ding, als Substanz betrachtet, eingeht. Das Anderssein ist die Beziehung der einen Substanz zur anderen, die Identität die Beziehung der Substanz zu sich selbst. Ähnlichkeit und Unähnlichkeit, Gleichheit und Ungleichheit, d. h. qualitative und quantitative Beziehungen, sind Accidentien der Substanz. Die dritte Art sind die zeitlichen Beziehungen, und damit das Werden und das Sein, die von ihm verneint werden. Die vierten Beziehungen sind die der Dinge zu dem Geiste oder der Seele, um mehr Platonisch zu sprechen, die Parmenides dem Einen abspricht. Er drückt dieses aus durch die Worte: Τούτῳ τῷ μὴ ὄντι εἴη ἄν τι ἢ αὐτῷ ἢ αὐτοῦ; und nennt dann ὄνομα, λόγος, ἐπιστήμη, αἴσθησις, δόξα. Mit dem Genitiv bezeichnet er die Relation oder Einwirkung des Objekts auf das Subjekt, mit dem Dativ die des Subjekts auf das Objekt. Theät. 160 A sagt Sokrates: ἀνάγκη δέ γε ἐμέ τε τινὸς γίγνεσθαι, ὅταν αἰσθανόμενος γίγνωμαι· αἰσθανόμενον γάρ, μηδενὸς δὲ αἰσθανόμενον ἀδύνατον γίγνεσθαι· ἐκεῖνό τε τινὶ γίγνεσθαι, ὅταν γλυκὺ ἢ πικρον ἤ τι τοιοῦτον γίγνηται. Das Objekt also bewirkt die Thätigkeit des Subjekts oder vermittelt seine δύναμις in ein ἐνέργεια (τινός γίγνεται). Das Subject aber subsumiert die Perception des Objekts unter einen Begriff und verleiht demselben dadurch ein anderes Sein, im Bewußtsein. So bezieht sich also in unserer Stelle αὐτοῦ auf αἴσθησις, δόξα, ἐπιστήμη, auf die Thätigkeit des Geistes, αὐτῷ auf ὄνομα = Begriff und λόγος = Urteil, denn das sind die Formen, unter denen die Objekte und ihre Beziehungen im Bewußtsein erscheinen. Daß λόγος aber das Urteil bedeutet, ebenso wie ὄνομα den Begriff, zeigt Theät. 202 B: ὀνομάτων γὰρ συμπλοκὴν εἶναι λόγου οὐσίαν und Soph. 262 C. Die Relation der Dinge aber und Begriffe zu einander wird durch πρός τι ausgedrückt, wie oben und Soph. 255 C: οἶμαί σε σιγχωρεῖν, τῶν ὄντων τὰ μεν αὐτὰ καθ' αὑτά, τὰ δὲ πρὸς ἄλληλα

ἀεὶ λέγεσθαι. Es werden also vom Einen alle Prädikate verneint, die einem Dinge als räumlich, zeitlich, substantiell und Objekt der Erkenntnis zukommen können. Und zwar werden ihm diese Prädikate durch eine Kette von Schlüssen abgesprochen, die durch zwei Hauptschlüsse zusammengehalten wird.
Der erste ist der:

$$P \, . \, M$$
$$S - M$$
$$\overline{S - P}$$

Was Teile hat, ist Vieles.
Das Eine ist nicht Vieles.

Also hat das Eine keine Teile.
Und die Ergänzung:
Was ein Ganzes ist, hat Teile.
Das Eine hat keine Teile.

Also ist das Eine kein Ganzes.

Daraus folgt dann, daß es keine Ausdehnung hat, keine Gestalt, Grenze, kurzum daß kein räumliches Prädikat ihm zukommt.

Der zweite Schluß mit selbständiger Prämisse ist folgender: Was Etwas nicht durch sich (ἑαυτῷ) ist, ist es nicht αὐτό, also überhaupt nicht.
Das Eins ist weder ἕτερον noch ταὐτόν ἑαυτῷ.

Also ist es weder ἕτερον noch ταὐτόν.

Wir haben oben gesehen, daß der Dativ die Kategorie der Eigenschaft ausdrückte, die ja nichts anderes ist als eine bestimmte Beziehung, indem also durch ἑαυτῷ eben die Beziehung zu einem andern ausgeschlossen wird, wird also dadurch die Beziehungs- oder Eigenschaftslosigkeit, d. h. die Substanz an und für sich ausgedrückt.

Wir könnten also übersetzen: Was etwas nicht an und für sich oder als Substanz ist, ist es nicht. Das Eine ist weder ἕτερον noch ταὐτόν an und für sich oder als Substanz.

Also ist es ἕτερον und ταὐτόν nicht.

Und dann folgt aus dieser Beziehungslosigkeit wiederum leicht und richtig, daß die Prädikate der Qualität und Quantität und Zeit nicht von ihm ausgesagt werden können.

Der erste selbständige Schluß also spricht dem Einen die Teile ab, der zweite die Beziehungen. Nun gebraucht Plato das Wort μέρος in allgemeiner Bedeutung. Er sagt Soph. 263 B: εἶδος und μέρος unterscheiden sich so, daß jedes εἶδος ein μέρος, aber nicht jedes μέρος ein εἶδος ist. Die μέρη sind ihm also nicht nur die durch die partitio gewonnenen Teile, sondern auch die durch die divisio gewonnenen εἴδη; und das ὅλον also nicht nur die Einheit der Teile, sondern auch das γένος oder καθόλου, wie auch Arist. Φ. α, 184 a, 16 u. 17 sagt: τὸ δὲ καθόλου ὅλον τί ἐστιν· πολλὰ γὰρ περιλαμβάνει ὡς μέρη τὸ καθόλου. Das γένος kann also μέρη haben ohne Ausdehnung und anschaubare Teile. Als γένος kann also das Eine Vieles sein, d. h. εἴδη haben, ohne räumliche teilbar zu sein. Man kann es eben λόγῳ τέμνειν, wie es in der Republik heißt, (225 D), wo zugleich die getadelt werden, die über diese Teilung des Einen lachen. Parmenides hat also das von dem μέρος als Gattungsbegriff behauptet, was ihm nur als species, d. h. als Teil der Ausdehnung, aber nicht in der divisio zukommt. Außerdem aber verwechselt er ὅλον und πάντα. Er sagt: ὅλον ἰστ οὗ ἂν μέρος μηδὲν ἀπῇ. Das ist eben πᾶν. Um ὅλον zu werden, muß erst die ἰδέα die μέρη zu einer Einheit verbinden, wie Plato im Theaet. 204 A. diesen Gedanken auseinandersetzt, der in der Frage liegt: ἢ καὶ τὸ ὅλον ἐκ τῶν μερῶν λέγεις γεγονὸς ἕν τι εἶδος ἕτερον τῶν πάντων μερῶν; und wie es später Parmenides selbst sagt (157 D.): οὐκ ἄρα τῶν πολλῶν οὐδὲ πάντων τὸ μόριον μόριον, ἀλλὰ μιᾶς τινος ἰδέας καὶ ἑνός τινος, ὃ καλοῦμεν ὅλον.

Als Allgemeinbegriff also hat das Eine allerdings Teile, ideale Teile, Artbegriffe unter sich, es hat einen Umfang, auch hat es einen Ort, zwar keinen ausgedehnten, aber einen in der Selee, ebenso hat es Bewegung, keine reale, aber eine ideale, denn das Denken ist dem Plato Bewegung, wie ja nach dem Timäus (36 E. fg.) die idealen Bewegungen der Seele und die realen des κόσμος einander entsprechen. Und zugleich verbindet sich das Eine mit dem Vielen der Ausdehnung, indem es dieses zu einem Ganzen gestaltet.

Indem er 2) sagt, daß was etwas nicht durch sich und an sich (αὐτὸ) ist, dieses überhaupt nicht ist, identifiziert er das substantielle Sein, also einen Artbegriff des Seins, wiederum mit dem Gattungsbegriff selbst, und denselben Fehler wiederholt er unten, wo er dem Einen das Sein überhaupt abspricht. Er sagt: Wenn das Eine keinen Teil an der Zeit hat, so hat es auch keinen Teil an der Gegenwart, also ist es nicht. Hier wird also das individuelle zeitliche Sein mit dem allgemeinen Sein identifiziert.

Die zweite Schlußreihe der ersten Hypothese (I. 1. B.) folgert 1) a. daß das seiende Eine Vieles oder vielmehr absolut Vieles, also unendlich ist, durch einen Schluß, der schulgerecht also lauten würde:

Der Teil hat die Teile des Ganzen.
Eins und Sein sind Teile des seienden Einen als Ganzen oder des Einen Seienden.

Also sind Eins und Sein wiederum Teile sowohl vom Einen als vom Sein.

Das Eine sowohl als das Sein sind ebenfalls Ganze, jedes mit den Teilen Eins und Sein, und die Teile dieser Ganzen wiederum ebenso u. s. f. ins Unendliche, so daß sich das seiende Eine bis ins Unendliche teilt. Hier sind erstens im Untersatz Subjekt und Prädikat wiederum ganz gleichwertig als Teile eines Ganzen gesetzt. Eins und Sein sind nicht Teile des Begriffs: seiendes Eins, sondern sind Teile des Urteils: Das Eine ist. Die Teile des Urteils, Subjekt und Prädikat, stehen aber nicht in einem coordinierten Verhältnis zu einander, sondern in dem von Gattung und Art oder Substanz und Accidens oder Grund und Folge; meistenteils in dem von Substanz und Accidens. Es ist also hier dieses Verhältnis der Begriffe zu einander mit dem von Teilen zu einander verwechselt und deshalb auch das Ganze sowol das Eine Seiende als das seiende Eine genannt.

Aber zweitens wenn sie wirklich Teile eines Begriffes als eines Ganzen wären, so würde doch der Obersatz falsch sein. Denn nicht die Teile haben die Teile des Ganzen, sondern die Artbegriffe (εἴδη) haben den Inhalt oder die Prädikate wie ihr Gattungsbegriff. Es sind also auch hier die Teile der divisio und die der Ausdehnung identifiziert. Der Schluß also beruht darauf, daß **Inhalt** und **Umfang** des Begriffs wie **Teile** eines Ganzen angesehen sind.

b. Dem Sein für sich wird das Prädikat des Unendlichvielen auf folgende Weise anbewiesen. Der Begriff des Einen als solchen (ἐὰν αὐτὸ τῇ διανοίᾳ μόνον καθ' αὑτὸ λάβωμεν ἄνευ τούτου οὗ φαμεν μετέχειν) ist ein anderer als der des Seins. Und zwar sind sie anders nicht durch sich, sondern durch das Andere. Das Andere ist eben etwas Anderes als Beide, ein Drittes neben Beiden. Es gesellt sich also zu dem Einen ein Zweites und ein Drittes, wir haben also die Zahlen 1, 2, 3; und damit sind alle Arten von Zahlen, wie sie die griechische Arithmetik und Logistik aufstellte, und die unendliche Zahlenreihe gegeben. Wenn also Eins ist, so ist die unendliche Zahl, und damit ist das Sein unendlich viel. Hier ist Eins als Zahl gefaßt und das Sein bedeutet nicht das Resultat eines zeitlichen Gewordenseins, sondern das im Wesen des Begriffs Liegende, denn die Eigenschaften der Zahlen sind nichts Gewordenes, sondern etwas ihnen Wesentliches und Ewiges. Man könnte sagen, Parmenides verwechselt hier das Wesen des Begriffs, wie es im Bewußtsein ist, mit dem objektiven realen Sein und macht denselben Fehler, wie Spinoza, der dem in sich widerspruchslosen Begriff der Substanz schon um deswillen objektive Realität zuschreibt, oder wie die Scholastiker, die dem Begriffe des vollkommensten Wesens eben um der Vollkommenheit willen auch das substantielle Sein beilegten; allein das wäre nicht im Platonischen Sinne, da Plato ja der Zahl eine δύναμις, eine reelle Existenz zuerkennt. Der dialektische Mangel liegt eben darin, daß auch hier die Arten des Einen und des Seins als solche nicht erkannt und dargestellt werden.

c. wird auch das Eine für sich unendlich zerschnitten. Denn das Seiende ist unendlich viel, jedes Seiende ist aber nicht μηδέν, sondern ἕν, Eins, also ist auch das Eine unendlich viel. Er schließt also:

Das Seiende ist Eins.
Das Seiende ist unendlich viel.
Also ist das Eine unendlich viel.

Das ist ein falscher Schluß; weil die Prädikate der Prämissen zu einem allgemein bejahenden Schlußsatz vereinigt sind:

M = P
M = S
S = P

Er mußte schließen:

Unendlich Vieles ist seiend.
Das Seiende ist Eins.
Also ist unendlich Vieles Eins.

Es ist also Eins Prädikat vom unendlich Vielen Seienden, aber nicht Subjekt, dem das Prädikat des unendlich Vielen zukäme, d. h. es wird hier Accidens, während es früher als Substanz gesetzt war. Wir haben es hier, wie Aristoteles sagt, in der Bedeutung von καθ' ἕκαστον. Das Eine ist zum Einzelnen geworden, wie das auch der Untersatz besagt: Das Seiende ist Eins. Er beweist den Untersatz so: Das ὄν ist nicht μηδέν, also ἕν. Er identifiziert also nicht μηδὲν mit ἕν; das ist allerdings nicht richtig; denn der Gegensatz von μηδέν ist nicht ἕν, sondern τι. Und man könnte sagen, es wäre hier ein Fehler durch die Schuld der Sprache veranlaßt, die den Verfasser verführt, den Gegensatz des sprachlichen Etymons zugleich als Gegensatz des Begriffs zu nehmen, wie Plato einen ähnlichen Fehler im Phädon macht, wo er die etymologische Bedeutung von ἀθάνατος = untodt mit der von unsterblich gleich setzt. Allein im Theaet. 188 E. bestätigt Sokrates, daß das τι nicht οὐδέν, sondern ἕν ist. Das τι ist ein καθ' ἕκαστον. Während wir also in dem vorigen Schlusse Eins als Zahl bekamen, bekommen wir es hier als Einzelnes, oder wie Plato sagt, das Eine ist durch das Sein in Scheidemünze umgesetzt (κατακεκερμάτισται), wie er im Soph. vom Andern sagt (ἡ θατέρου μοι φύσις φαίνεται κατακεκερματίσθαι, was er vorhin dem Sein durch das Andere geschehen ließ) und derselbe Gedanke vom Einen wie hier auch in der Rep. 525 E. ausgesprochen wird: οἶσθα γάρ που τοὺς περὶ ταῦτα δεινοὺς ὡς, ἐάν τις τὸ ἓν ἐπιχειρῇ τῷ λόγῳ τέμνειν, καταγελῶσί τε καὶ οὐκ ἀποδέχονται, ἀλλ' ἐὰν σὺ κερματίζῃς αὐτό, ἐκεῖνοι πολλαπλασιοῦσιν, εὐλαβούμενοι μή ποτε φανῇ τὸ ἓν μὴ ἕν, ἀλλὰ πολλὰ μόρια. Das λόγῳ τέμνειν bedeutet in die εἴδη zerlegen, das κατακερματίζειν in die kleinste Münze umwechseln, also das Eine vereinzeln, d. h. seinen Begriff auf das Einzelne ausdehnen. Wie das aber möglich ist, daß das Eine unendlich mal gesetzt werden kann, ohne sein Wesen als Eins zu verlieren, zeigt Soph. 245, A: Ἀλλὰ μὴν τό γε μεμερισμένον πάθος μὲν τοῦ ἑνὸς ἔχειν ἐπὶ τοῖς μέρεσι πᾶσι οὐδὲν ἀποκωλύει, καὶ ταύτῃ δὴ πᾶν τε ὂν καὶ ὅλον ἓν εἶναι. Von allen Teilen also eines Teilbaren kann das Eine als Eigenschaft oder Prädikat ausgesagt werden, und in dieser Beziehung ist jenes sowohl eine Summe als auch Ein Ganzes. Der Gattungsbegriff Eins also kann sich unendlich mal besondern, indem er zum Accidens (oder Prädikat oder Eigenschaft) eines jeden Dinges wird. Und dieses selbe würde hier in unserm dritten Schlusse ausgesprochen sein, wenn richtig geschlossen wäre. Daß Plato selbst den Fehler hier in die falsche Form des Schlusses gelegt hat, darf man wohl nicht behaupten, für ihn lag der Fehler wiederum in der Identifizierung des substantiellen und accidentiellen Einen, des Einen als Subjekt und als Prädikat.

Eine gleiche Einseitigkeit zeigt sich in der 2. selbstständigen Prämisse dieses Teils (I, 1, B.). Denn wie die Verneinung der Beziehungsbegriffe für das Eine durch einen besondern selbständigen Schluß bewiesen wird, so auch hier die Bejahung derselben. Er sagt: Jedes steht zu jedem in der Beziehung, daß sie entweder dasselbe oder ein anderes sind, oder sich wie Ganzes und Teile zu einander verhalten. Nun ist das Eine nicht ein Teil von sich und nicht ein Anderes, also ist es dasselbe mit sich. Mit dem Selbigen und dem Andern sind aber nur die Relationen zweier Begriffe zu einem Dritten gegeben. Die Begriffe sind hierbei beide Subjekte, und es wird ihnen ein dritter als Prädikat zugesprochen oder abgesprochen, oder wie Plato sich ausdrücken würde, die beiden sind χωρίς von einander und haben teil an einem Dritten. Es fehlt bei dieser Klassifikation der Beziehungen die Beziehung der Begriffe, wo der eine am andern Theil hat, d. h. der eine vom andern Prädikat ist; kurzum wie in dem entsprechenden Schlusse des vorhergehenden Teils das accidentielle Eine ausgeschlossen wurde, so wird auch hier die Beziehung von Substanz und Accidens außer Acht gelassen, und ebenso fehlt als Ergänzung zu dem Verhältnis des Ganzen und der Teile das der idealen Teilung, d. h. das der Gattung und der Arten.

Indem er nun aber aus diesem Prädikate des Andern und Desselben das des Aehnlichen und Unähnlichen mit dem Andern beweisen will und schließt:

> Subjekte, die dasselbe Prädikat haben, sind ähnlich.
> Das Eine und das Andere haben dasselbe Prädikat des Andern.
> Also sind sie ähnlich.

und ferner: Dasselbe ist dem Andern engegengesetzt.

> Also sind das Eine und das Andere nach der contrapositio, weil sie Beide das Prädikat Desselben haben, unähnlich.

so sind 1. die beiden Prädikate Dasselbe und das Andere in dieser hier geltenden Beziehung nicht entgegengesetzt, sondern gleich, weil nur dasselbe Prädikat die Ähnlichkeit machen würde, nicht aber das besondere Prädikat des Andern. Aber 2. dasselbe Prädikat an und für sich macht noch nicht die Ähnlichkeit, sondern dasselbe Qualitätsprädikat, das die Subjekte in dieselbe Beziehung zu einem Dritten setzt. Es ist also hier einesteils die species für das genus und andernteils der Beziehungsbegriff absolut gesetzt. Eine ähnliche Verwechselung oder vielmehr Vertauschung von Substanz und Accidens bei demselben Begriff s. Theaet. 159 A.

Der Mangel an Unterscheidung des Begriffs in seine Arten ist an manchen andern Stellen dieses Teils Ursache des doppelten Mittelbegriffes und dadurch des falschen Schlusses. 145 E. sagt er, nachdem er geschlossen, daß das Eine sowohl in sich als in einem andern ist: ἐν . . . ἑνὶ ὂν καὶ ἐκ τούτου μὴ μεταβαῖνον ἐν τῷ αὐτῷ ἂν εἴη. Τὸ δέ γε ἐν τῷ αὐτῷ ἀεὶ ὂν ἑστὸς δήπου ἀνάγκη ἀεὶ εἶναι und ebenso: τὸ ἐν ἑτέρῳ ἀεὶ ὂν [(ἀνάγκη) . . . . κινεῖσθαι; wo dem allgemeinen Begriffe ἐν τῷ αὐτῷ und ἐν ἑτέρῳ der spezielle des Orts untergeschoben wird, wohl eine Freiheit des Spiels, aber das Spiel ahmt die Wirklichkeit des Lebens nach, und auch im Scherze steckt ein Ernst.

Tiefer steckt dieser doppelte Mittelbegriff 152 B. Was (wie das Eine) mit der Zeit fortgeht, wird älter. Wenn nun aber etwas älter wird, so wird es älter als ein anderes, was jünger wird, also wird das Eine zugleich älter und jünger als es selbst. Im Obersatz ist offenbar von einem arithmetischen, im Untersatz von einem geometrischen Verhältnisse die Rede. Denn bin ich jetzt a Jahre, werde ich in m Jahren $a + m$; $a + m - a$ die Differenz, um die ich älter geworden, wird durch ein arithmetisches Verhältnis ausgedrückt. Allein bin ich a Jahre alt und ein anderer b, so ist das Verhältniß unserer Alter $\frac{a}{b}$ nach m Jahren $\frac{a + m}{b + m}$; dieses Verhältnis nähert sich mit wachsendem m immer mehr der Einheit; soll ich also bei wachsenden Jahren im Verhältnis zu dem andern immer älter, das Verhältnis also immer größer werden, so müßte der andere immer weniger an Jahren zunehmen, als ich, d. h. der Nenner weniger wachsen als der Zähler, also die Differenz der Jahre immer größer, und so der andere verhältnismäßig immer jünger werden. Auch diese beiden mathematischen Verhältnisse sind identifiziert.

Nachdem er dann aus der Beziehung der zeitlichen Prädikate dem Einen das Sein als Prädikat ebenso zugesprochen, wie er es demselben im ersten Teil aus der Verneinung eben derselben Prädikate abgesprochen hatte, kombiniert er C. die Prädikate des Seins und Nichtseins und deren Spezies in dem Begriffe des Werdens und Vergehens uud dessen Arten, des Ähnlich= und Unähnlich=, des Vergrößert= und Verkleinert= und Gleichwerdens, des Zusammengesetzt= und Aufgelöstwerdens, der Bewegung und der Ruhe. Die Aporie, die im Begriffe des Werdens liegt, ist hier schon in ihrem Wesen erkannt, und Schleiermacher hat gewiß Recht, dies besonders am Parmenides zu bewundern. Es besteht diese Aporie aber in folgenden 3 Momenten: 1) der Indifferenz der Gegensätze; 2) der Einheit der Gegensätze und 3) der Plötzlichkeit der Veränderung aus dem einen Gegensatze in den andern oder der Unmöglichkeit, sich die Entstehung der Gegensätze aus einander kontinuierlich vorzustellen. Er macht dies sehr anschaulich an der Bewegung und Ruhe. Was in der Zeit ist, muß sich entweder bewegen oder ruhn. Wenn nun etwas aus der Ruhe in die Bewegung übergeht, und umgekehrt, so geht es nicht über, indem es ruht oder umgekehrt sich bewegt, denn wenn es das thut, ist es schon übergegangen, sondern es ruht weder noch bewegt es sich, es ist also in der Indifferenz der beiden Zustände; da aber was in der Zeit ist sich entweder bewegen oder ruhen muß, so ist diese Indifferenz nicht in der Zeit, sondern eine wunderbare, eine zeitlose und plötzliche Erscheinung (ἄτοπός τις ἐξαίφνης φύσις, ἐν χρόνῳ οὐδενὶ οὖσα). Aber zugleich geht aus dieser Erscheinung sowohl die Bewegung als die Ruhe hervor, es sind also beide Zustände in ihr enthalten, sie also zugleich die Einheit beider.

2. Nun wendet er die Analogie der räumlichen Bewegung und Ruhe auf alle Bewegungen und Ruhestände an. Unter die Ruhe subsumiert er die Gegensätze des Seins, unter die Bewegung die des Werdens und sagt: demnach wird das Eine auch beim Uebergange aus dem Sein ins Vergehn oder Nichtsein ins Werden jene zeitlose Indifferenz zwischen Sein und Werden, Nichtsein und Vergehn durchmachen, und also dann auch nicht werden und nicht vergehn. Also wird das Eine und wird auch nicht, es vergeht und vergeht auch nicht u. s. f. Hier sind zwei Fehler gemacht. Erstens ist das, was nur von der species der räumlichen Bewegung gilt, auf alle Bewegungen übertragen. Die räumliche Bewegung ist eine Continuität von Uebergängen von Ort zu Ort oder Veränderungen der räumlichen Beziehungen eines Gegenstandes zu einem gegebenen Punkte; die anderen Bewegungen oder Uebergänge sind Eine einzige Veränderung aus einem Zustande in einen andern; was diesen in der räumlichen Bewegung entspricht, ist jedesmal Ein Moment der Bewegung, d. h. ein Uebergang von Einem Ort zu Einem anderen, dem daranstoßenden. Ein Uebergang vom Sein zum Werden ist unmöglich, denn giebt es einen Uebergang zum Uebergang, so müssen unendlich viele Uebergänge zwischen den Zuständen interpoliert werden. Und zweitens ist in der Indifferenz zwischen den entgegengesetzten Zuständen keineswegs die Indifferenz der Uebergänge selbst enthalten. Es ist allerdings diese Indifferenz an und

für sich dieselbe, aus der das Sein zum Nichtsein und das Nichtsein zum Sein wird, aber es liegt eben der wesentliche Unterschied darin, ob dieselbe aus dem Sein entstanden und zum Nichtsein führt oder aus dem Nichtsein entstanden und zum Sein führt. Das Wesen der Begriffe Entstehn und Vergehn liegt in dem Zeitverhältnis der Zustände des Seins und Nichtseins, deren Uebergänge sie bezeichnen. Geht das Sein vorher und folgt das Nichtsein, so ist jene Indifferenz Vergehn, umgekehrt ist sie Entstehn. Sein und Nichtsein sind also in jenem Uebergange indifferent, aber Entstehn und Vergehn sind charakterisiert. Der hier bewiesene Widerspruch ist also wiederum dadurch gewonnen, daß die species eines genus nicht unterschieden sind. Denn es ist die Bewegung als Zustand und als Übergang von Einem Zustande zu einem andern und wiederum die Gegensätze des Seins und Werdens gleichgesetzt.

Wenn nun nach dem Vorhergehenden dem Einen die allgemeinen Prädikate dadurch abgesprochen werden, daß es als starres Eins von dem Vielen absolut geschieden ist und dadurch zugesprochen, daß es in Vieles gesondert wird, so bekommt zweitens das Andere dieselben Prädikate dadurch, daß ihm Teil am Einen gegeben, d. h. daß ihm das Eine als Prädikat beigelegt wird, und verliert sie wiederum dadurch, daß es außer aller Beziehung mit dem Einen gesetzt wird. Was ist aber unter dem Anderen zu verstehen? Das griechische τὰ ἄλλα ist ein glückliches Neutrum, in dem zugleich durch den numerus der Gegensatz gegen das Eine ausgedrückt wird. Hegel versteht bekanntlich die anderen Ideen darunter. Das ist natürlich falsch. Die Ideen sind eben ihrem Wesen nach

Eins, also nicht Anderes von ihm. Stallbaum meint, es wären die Körper. Das ist zu eng. Es ist eben das, was 130 E. a. E. τάδε τὰ ἄλλα ist in der Frage des Parmenides an den Sokrates: δοκεῖ σοι, ὡς φῄς, εἶναι εἴδη ἄττα, ὧν τάδε τὰ ἄλλα μεταλαμβάνοντα τὰς ἐπωνομίας αὐτῶν ἴσχειν; wo τάδε τὰ ἄλλα offenbar die ganze Erfahrungswelt im Gegensatze zu den Ideen bedeutet. So wird τὰ ἄλλα auch hier dasselbe sein, der Inbegriff der Erfahrungswelt.

A. Diesem Andern wird also die Teilnahme am Einen zugesprochen und zwar durch Vermittelung der Begriffe Teil und Ganzes, wie durch dieselbe Vermittelung dem Einen die allgemeinen Prädikate abgesprochen wurden. Das Andere, sagt er, muß Teile haben, denn hätte es keine Teile, so wäre es Eins, nun ist es nicht Eins, also hat es Teile. Teile gehören aber nur zu einem Ganzen, das Ganze ist nicht die Summe der Teile, sondern eine einheitliche Anschauung (ἰδέα τις καὶ ἕν τι). Als Ganzes hat also das Andere Teil am Einen, aber auch als Teil, denn jeder Teil ist ein Einzelnes. Dem Anderen kommt also das Eine als Prädikat zu in seiner Besonderung als Ganzes und als Einzelnes. Aber zugleich ist es Vieles. Das hätte sogleich aus der Teilbarkeit geschlossen werden können, allein es ist ihm darum zu thun, demselben das Prädikat das absolut Vielen, d. h. des Unendlichen anzubeweisen, und deshalb faßt er das Eine in einer dritten Besonderung als Zahl. Er sagt: das Andere ist mehr als Eins, denn es kommt ihm das Prädikat des Einen in doppelter Hinsicht zu, als Ganzes und als Einzelnes. Hier wird das Eine als Zahl genommen, aber offen=

bar wiederum falsch die Besonderungen des Einen als Ganzes und als Einzelnes mit der als Zahl gleichgesetzt. Da das Andere also nicht Eins ist, fährt er fort, sondern nur daran teil nimmt, so muß es offenbar dann wann es daran teil nimmt, eine Menge sein, die der Einheit entbehrt, und wenn wir in Gedanken die möglichst kleine Menge wegnehmen, so ist sie doch immer noch Menge, ohne Einheit, u. s. f., so daß also jede angeschaute Größe, wenn wir sie als der Idee entgegengesetzte Erscheinung, d. h. als bloße Ausdehnung, betrachten, unendlich an Menge ist.

Wir haben hier die Aporie des Zeno von der unendlichen Teilbarkeit des Raumes, wodurch dieser die Bewegung als einen widerspruchsvollen und darum unhaltbaren Begriff beweisen wollte. Es ist im wesentlichen dieselbe Aporie, als die vorhin erläuterte von der Plötzlichkeit des Werdens. Denn wie dort die Plötzlichkeit des Werdens die kontinuierliche Veränderung in der Zeit aufhob und dieselbe in unendlich viele diskrete Momente zerlegte, so wird von Zeno der Raum in unendlich viele diskrete Teile zerschnitten und die kontinuierliche Veränderung im Raum in unendlich viele diskrete Momente aufgelöst, so daß der Uebergang von einem Punkte zum andern daranstoßenden ebenfalls nach der Analogie des dort geführten Beweises plötzlich d. h. hier außerhalb des Raumes vor sich gehen müßte. Aristoteles thut diese Aporie bekanntlich damit ab, daß er den Zeno der Verwechselung zwischen dem $\ddot{\alpha}\pi\varepsilon\iota\rho o\nu$ $\pi\lambda\acute{\eta}\vartheta\varepsilon\iota$ und dem $\ddot{\alpha}\pi\varepsilon\iota\rho o\nu$ $\tau o\widetilde{\iota}\varsigma$ $\dot{\varepsilon}\sigma\chi\acute{\alpha}\tau o\iota\varsigma$, d. h. zwischen dem Unendlichen des Maßes und dem der Ausdehnung, dem diskret Unendlichen und dem kontinuierlich Unendlichen oder Unbegrenzten beschuldigt, und es hat Zeno den Unterschied dieser Artbegriffe nicht beachtet, wie auch hier Parmenides den Widerspruch der Prädikate wiederum dadurch erhält, daß er ἄπειρον und πεπερασμένον ohne Weiteres als Gattungsbegriffe und direkte Gegensätze einander gegenüberstellt, während das eine auf die Zahl oder das Maß geht, also eine diskrete, das andere auf die Ausdehnung, also eine kontinuierliche Größe bezeichnet. Allein mit der Beschuldigung des Aristoteles ist die Aporie nicht gelöst, sondern nur das Problem klar gestellt. Es kommt darauf an, zu erklären, wie es möglich ist, daß das continuierlich Endliche sich in eine unendliche Menge diskreter Teile auflösen läßt oder umgekehrt, daß das diskret Unendliche eine kontinuierlich endliche Größe werden kann. Parmenides versucht hier die Lösung. Er sagt, jeder, auch der kleinste Teil, ist immer ein Teil, Ein Einzelnes (ἓν ἕκαστον), also ist jeder Teil gegen den anderen und gegen das Ganze begrenzt. Das also, was seiner Natur nach unendlich ist, die reine Ausdehnung, wird durch die Teilnahme am Einen in sich gegliedert und begrenzt. Die Verbindung also des Einen mit dem absolut Vielen, dem Unendlichen, würde hiernach die Aporie lösen. Wir würden sagen, das seiner Natur nach Unendliche wird durch die Synthesis der Anschauung eine begrenzte endliche Größe; durch die Synthesis der Anschauung im Sehen wird die unendliche Menge der Punkte, die bei der Bewegung zu Orten werden, eine begrenzte Linie, die unendliche Menge der Linien eine begrenzte Fläche, die unendliche Menge von Flächen ein Körper.

Aber B schließt sich das Andere und Eine gegenseitig aus, weil damit eine erschöpfende Disjunktion gegeben und es kein Drittes außerdem mehr giebt. Deshalb kann das Andere nicht ein Ganzes sein noch Teil von demselben und deshalb auch nicht Vieles, denn sonst müßte jeder Teil ein Einzelnes sein; auch keine Zahl, denn sie setzt sich aus Eins zusammen. Kurzum es müssen ihm alle Prädikate abgesprochen werden. Hier liegt der Fehler erstens in der falschen Disjunktion. Nur die kontradiktorische Disjunktion ist erschöpfend, das Andere aber ist dem Einen nicht kontradiktorisch entgegengesetzt. Das Eine und das Andere können in einem gemeinschaftlichen Dritten zusammen kommen, eben in der Verbindung beider. Und zweitens ist wiederum das Eine unterschiedlos als reiner Begriff, als Einzelnes und als Zahl genommen.

II. Bei der zweiten Hypothese: Wenn das Eine nicht ist, kommt es auf den Begriff der Negation an. Hier wird sie einmal als Relationsbegriff und damit als Bestimmtheit und das andere mal als absolute Verneinung gefaßt, was in Theaet. 188 D und 189 B unterschieden: οὐκ ἄρα οἷόν τε τὸ μὴ ὂν δοξάζειν, οὔτε περὶ τῶν ὄντων, οἴτε αὐτὸ καϑ' αὑτό und im Soph. 237 ff. dialektisch abgehandelt wird. A: Wenn das Eine nicht ist, was folgt daraus? Er setzt hier, während er sonst die Hypothese ausdrückt: ἓν εἰ ἔστι den Artikel zu ἕν und sagt: εἰ δὲ μὴ ἔστι τὸ ἕν — vielleicht thut er das absichtlich, denn auch unten 161 A unterscheidet er zwischen dem Einen als Allgemeinbegriff und als individuellem Einen und bezeichnet jenes mit τὸ ἕν (εἰ μέντοι μήτε τὸ ἓν μήτ' ἐκεῖνο μὴ ἔστι). So nimmt er hier dem Einen nur die objektive und substantielle Existenz, läßt ihm aber das Sein als Begriff und als Accidens. Er schließt nämlich so: In unserer Hypothese ist das Eine wenigstens ein Begriff (denn das bedeutet das γνωστόν τι λέγει und ἴσμεν ὀλέγει), und zweitens ein Anderes von etwas, was objektiv ist, wie auch im Soph. 257 B die Negation als ἕτερον geradezu bestimmt wird. Nun kann aber kein bestimmtes Ding noch eine bestimmte Eigenschaft oder Beziehung ohne das Prädikat der Einheit vorgestellt werden (οὐδ᾽ ἂν ἐκείνῳ ἄν τι ἦν οὐδ᾽ ἐκείνου οἰδ᾽ ἄν τι ἐλέγετο, εἰ μήτε τοῦ τινὸς αὐτῷ μετῆν μήτε τῶν ἄλλων τούτων). Es hört also jedes Urteil auf, wenn sowohl das Sein des Einen im Allgemeinen als auch im Individuellen aufgehoben wird. Wenn ich also das Urteil bilde: Das Eine ist nicht, so muß ich, wenn ich das allgemeine Eine aufhebe, wenigstens etwas Individuelles unter dem Subjekte verstehen, und somit muß das Eine zu dem Individuellen und damit zu dem Vielen in Beziehung stehn. Und damit sind ihm die Prädikate, die aus der Beziehung der Dinge zu einander hervorgehn, zugesprochen; Ähnlichkeit, Gleichheit und ihre Gegensätze, Größe, Kleinheit. Aber nun beweist er auch das Sein selbst als Prädikat. Er sagt: Wenn das Eine nicht ist, so ist das sein Gesetz oder sein Wesen nicht zu sein, also ist das sein Sein, nicht zu sein. Hier ist das Sein als Wesen gefaßt, die οὐσία also nicht in der Bedeutung von substantieller oder accidentieller Existenz, sondern in der von Wesen, also der begrifflichen Identität mit sich selbst, genommen. Und indem er nun weiter schließt, daß also das Eine, wenn es nicht ist, doch auch wiederum ist, die Einheit von Sein und Nichtsein aber ist das Werden, also wird das Eine, so identifiziert er auch hier verschiedene species des Begriffs Sein, und unterscheidet nicht zwischen der οὐσία als Wesen und als Existenz. Wenn das Eine aber wird, bewegt es sich; da es aber nicht ist, so ist es auch nirgends, also kann es weder den Ort ändern noch sich drehn und bewegt sich also auch nicht. Hier nimmt er das Sein drittens als individuell räumlich bestimmte Existenz, ohne den speziellen Unterschied zu beachten. B. aber gebraucht er die Negation in dem Sinne kontradiktorischer Verneinung, und in diesem Sinne müssen natürlich alle Prädikate dem Einen, wenn es nicht ist, abgesprochen werden — ein Begriff vom Nichtseienden, der im Soph. 261 D mit denselben Worten wie in unserem Dialoge erklärt und als sophistisch bezeichnet wird: (οὐσίας γὰρ οὐδὲν οὐδαμῇ τὸ μὴ ὂν μετέχειν).

2) Wenn Eins nicht ist, so kann zwar das Andere nicht ein anderes vom Einen sein, aber das Prädikat des Anderen muß doch dem Begriffe des Anderen bleiben. Es muß also das Andere anderes in sich sein, sich also unterscheiden, da sich aber das Eine vom Andern nicht als Einzelnes unterscheiden kann, muß sich das Unterscheidende als Masse unterscheiden, die Masse scheint also Eins zu sein, während sie es in Wirklichkeit nicht ist, also ist auch jegliche Zahl und jegliches Maß und jegliche Teilung nur ein scheinbares Prädikat des Andern; und die Dichotomie des Zenon, die zwar nicht unter dem Namen seines Urhebers angeführt, aber doch gekennzeichnet wird, hat ihre volle Berechtigung. Kurzum alle Prädikate kommen dem Andern nur scheinbar, nicht in Wahrheit zu.

Der Fehler des ersten Schlusses, auf dem die folgenden beruhn, ist der, daß er den Relationsbegriff des Andern als einen substantiellen faßt. Denn der Begriff des Andern, von dem hier allein die Rede sein kann, wird nur durch den Gegensatz gegen das Eine konstituiert, mit dem er auch fällt.

Statt dessen aber wird er von dieser Relation losgelöst und als Begriff an und für sich gefaßt, und ihm das Prädikat im Sinne seines Wesens an und für sich beigelegt. Aber wir bekommen hier die Einheit in der Bedeutung als Kategorie des menschlichen Verstandes, d. h. als Synthesis der Perception des Mannigfaltigen. Denn der Schein beruht auf dem Gegensatze von Vorstellung und objektivem Sein. Wenn also das Andere, d. h. der Inhalt unserer Erfahrung, an und für sich nicht Eins ist, aber Eins zu sein scheint, so muß der Geist aus der Natur seines Wesens heraus die Einheit hinzubringen, d. h. die Einheit ist dann nur die Form der Synthesis in der Anschauung ($\varphi\alpha\nu\tau\alpha\sigma\iota\alpha$) und Vorstellung ($\delta\acute{o}\xi\alpha$), wie im Begriff. Wenn aber natürlich B die Einheit auch als Synthesis des Geistes nicht ist, und die Einheit ganz und gar nicht ist, dann kann das Andere auch nicht Vieles sein, weil das Viele das Eine voraussetzt und kann auch nicht einmal irgend etwas scheinen.

Die Parmenideische Dialektik.

So wird das Urteilen und Denken, der λόγος, dadurch zerstört, daß die Schlußfolgerungen aus den kontradiktorisch entgegengesetzten Hypothesen vermöge eines doppelten Mittelbegriffs oder einer mangelhaften Disjunktion mit dem principium contradictionis in Widerspruch gesetzt werden. Der doppelte Mittelbegriff, also der formal falsche Schluß, ist das Gewöhnliche; doch tritt an 2 Punkten die mangelhafte Disjunktion, also der materiell falsche Schluß auf, erstens in der Disjunktion der Beziehung der Dinge zu einander (146 B.), die entweder als dasselbe oder als Anderes oder als Teil und Ganzes zu einander gefaßt werden, und 2. in der des Seienden in das Eine und das Andre. (159 B.) Aber beide Fehler beruhen auf demselben Mangel, auf dem Mangel der Division. Parmenides kennt nur den Gattungsbegriff und das demselben entgegenstehende anschauliche Ding, unterscheidet aber nicht die dazwischenliegenden Besonderungen oder species der Gattung. So gebraucht er vor Allem das Eine ohne Unterschied als Begriff, Zahl, Einzelnes und als Synthesis des Geistes; nur das Ganze, also die Einheit in der Ausdehnung und für die Anschauung, ist ihm eine Erscheinung des Einen (157 D.) im Vielen. Er kennt also nur die reelle, nicht die ideelle Teilung. Durch diese Teilung wird aber der Begriff Vieles, ohne seine Einheit aufzugeben, er hat also auch eine Bewegung, aber eine ideelle, nicht eine reale, denn das Denken ist dem Plato Bewegung und hat einen Ort, die Seele, in der er zur Erscheinung d. h. zum Bewußtsein kommt.

Ebenso ist es mit dem Begriffe des Seins. Er gebraucht das Sein (ἔστι) als Wesen, also als Beziehung zu sich selbst, als Beziehung der Dinge zu einander, sei es im Raum, als Ganzheit, sei es in der Zeit als Resultat und Zweck des Werdens, ja als Erscheinung in der Gegenwart als gleichbedeutend. Auf der Division des Begriffes Sein beruht aber zugleich eine andere Verbindung der Begriffe, oder ein zweites Gesetz des Urteils. Nach dem Gesetze der Ueber- und Unterordnung der Begriffe werden die Begriffe so miteinander im Urteil verbunden, daß das Subjekt Art — und das Prädikat Gattungsbegriff ist, aber das Subjekt kann auch Substanz und das Prädikat Accidens sein. In jenem Falle wird das Seiende als in Beziehung zu sich selbst, in diesem in Beziehung zu einem andern gedacht. Die Beziehung kann aber eine äußere, eine gedachte Vergleichung zweier Subjekte mit einander sein oder eine innere, durch die das Dasein des Dinges selbst bestimmt wird. Jene ist die eigentliche sogenannte Relation, diese ist die Beziehung von Ding und Eigenschaft oder von Substanz und Accidens im engern Sinne. Dem Parmenides ist nur jene zum Bewußtsein gekommen, und zwar als Vergleichung anschaulicher Dinge, wenn er die Beziehungen in die Desselben, des Anderen und des Ganzen und Teils einteilt, aber nicht die andre, durch die verschiedene Begriffe zu einer innern Einheit verbunden werden. Die starre Einheit des Begriffs wird also durch die

Division, die der Substanz durch die Beziehungen flüssig gemacht; ein Begriff kann viele Arten unter sich und viele Eigenschaften in sich enthalten. Und da eben darauf das Urteil und das Verhältnis von Subjekt und Prädikat beruht, so liegt in jenem Mangel auch der Grund von Verwechselung zwischen Subjekt und Prädikat.

Und wie das Sein nicht unterschieden ist, so ist auch das Nichtsein nicht unterschieden; sondern das eine mal die Negation im kontradiktorischen, das andere mal im konträren Sinne genommen, das einemal das Nichtsein als absolute Verneinung des Seins oder als Gegensatz des Seins als Begriff, das andremal als relative Verneinung, d. h. als Gegensatz gegen ein bestimmtes Sein, oder ein Dasein. Ferner ist der λόγος im mathematischen Sinne als arithmetisches und geometrisches Verhältnis, das Unendliche als diskret und kontunierlich Unendliches), der Begriff für sich und als Beziehung zum Subjekt, also als Prädikat (bei dem ἕτερον 147 C. u. 148 A.), auch Werden und Sein, Zustand und Uebergang ununterschieden gesetzt, und so der Widerspruch gefolgert.

Da nun auf der Division der Umfang und auf dem Verhältnis von Substanz und Accidens der Inhalt des Begriffs beruht, so liegt also der Fehler unserer philosophischen Spekulation in dem Mangel des Wissens vom Begriff.

Daß wirklich die Beweise der Eleaten, wodurch sie die Welt der Erscheinung zerstörten, auf dieser Identifizierung der Gattungs- und Artbegriffe beruhte, durch deren Hülfe sie die Widersprüche und Verstöße gegen das principium contradictionis folgerten, zeigen einerseits klar die ἔλεγχοι des Zenon, und andererseits sagt es Aristoteles vom Parmenides ausdrücklich.

Denn wenn 1) im κεγχρίτης, durch den die Qualität der Dinge aufgehoben werden soll, Zeno behauptet, daß, wenn ein ganzer Scheffel von Hirsekörnern ein Geräusch verursachte, auch jedes einzelne Korn und dann auch ein 10000ster Theil des Korns ein solches verursachen müßte, so beruht dieser Satz auf der allgemeineren Prämisse, daß was vom Ganzen prädiziert wird, auch vom Teile prädiziert werden kann. Nun gilt das aber von dem Inhalte des Gattungs= und Artbegriffes, des γένος und εἶδος, aber nicht vom ὅλον und μέρος. Wir sehen also hier dieselbe Identifizierung koordinierter Begriffe, wie im Parmenides.

2. Der Schluß, durch den er den Raum aufhob, um dadurch, wie die Scholim zu Arist. Φ. 309ᵃ sagen, auch alle Raumgebilde aufzuheben, ist uns zwar nicht in seiner Gestalt überliefert, wird aber nach den Andeutungen des Aristoteles etwa so gelautet haben:

Alles, was ist, ist im Raume,
Wenn der Raum ist, muß er im Raume sein.

Also muß der Raum, wenn er ist, in einem andern Raume sein, und so in infinitum, so daß dann unendlich viele Räume sein mußten. Hier ist das Sein nur in dem Sinne eines körperlichen, ausgedehnten Seins, um mit Plato zu reden, als eine δύναμις auf unsere Sinne, richtig angewandt, allein diese species mit dem Gattungsbegriffe des Seins identifiziert.

3. Die ἔλεγχοι, durch die er die Bewegung aufhebt, sowohl der dichotomische, der die Bewegungsgröße durch 2

teilt, als auch der auf einem andern Teilverhältnisse beruhende λόγος vom Achill und der Schildkröte, lassen sich dahin verallgemeinern, wie wir schon oben berührt haben, daß er überhaupt die endliche Anschauung des durch Raum und Zeit Bestimmten als widerspruchsvoll darstellen will, weil das endlich Große ἄπειρον wird. Aber dieses ἄπειρον ist nicht unendlich groß, sondern unendlich viel, nicht τοῖς ἐσχάτοις, sondern διαιρέσει ἄπειρον. Es liegt keineswegs im Begriff des unendlich Vielen, unendlich groß zu sein. Wir haben wiederum den Fehler, das εἶδος aus dem γένος nicht abgeschnitten zu haben.

Von Parmenides aber sagt Aristoteles Φ 186ᵃ 22 ff., daß er falsche Prämissen und falsche Schlüsse gebildet hätte, das erstere, weil er das ὄν in verschiedener Bedeutung gleich genommen, das andere, weil er nicht zwischen Substanz und Accidens unterschieden und erkannt habe, daß der Eine Begriff Accidens, also Prädikat von vielen Subjekten sein könnte. Aber, fügt er hinzu: Παρμενίδης οὔπω ἑώρα, Parmenides sah das noch nicht. Was also der Dialog Parmenides darstellt, das Nichtwissen vom Begriff und damit vom Urteil, oder die Identifizierung von Allgemeinem und Besonderem, und von Substanz und Accidens, wird hier geradezu als der Mangel der Parmenideischen Dialektik angegeben. Deshalb geben die Eleaten auch keine Definitionen, wie das Plato Soph. 244 B. an ihnen tadelt, ebenso wenig wie die Sophisten, aber es ist doch Grund und Motiv bei beiden verschieden. Die Sophisten konnten von der Vielheit nicht zur Einheit, die Eleaten von der Einheit nicht zur Vielheit kommen, obwohl die Sophisten die Aporien der Eleaten zu ihren Zwecken benutzten.

So steht im Philebus E. 17: οἱ δὲ νῦν τῶν ἀνθρώπων σοφοὶ ἓν μέν, ὅπως ἂν τύχωσι, τὰ πολλὰ θᾶττον καὶ βραδύτερον ποιοῦσι τοῦ δέοντος, μετὰ δὲ τὸ ἓν ἄπειρα εὐθύς· τὰ δὲ μέσα αὐτοὺς ἐκφεύγει, οἷς διακεχώρισται τό τε διαλεκτικῶς πάλιν καὶ τὸ ἐριστικῶς ἡμᾶς ποιεῖσθαι πρὸς ἀλλήλους τοὺς λόγους. Die Unterlassung eben, das Eine mit dem unendlich Vielen durch die Division zu vermitteln, scheidet die falsche Dialektik von der rechten. Allein bei jenen lag der Fehler wesentlich im Willen, bei diesen in der noch mangelhaften Erkenntnis. Dieser Streben war ideal und wissenschaftlich, und gerade durch sie ist Plato zu der Entdeckung der Division angeregt, durch deren Anwendung ihre Aporien gelöst werden können. Im Soph. 242 C. heißt es: Εὐκόλως μοι δοκεῖ Παρμενίδης ἡμῖν διειλέχθαι καὶ πᾶς ὅστις πώποτε ἐπὶ κρίσιν ὥρμησε τοῦ τὰ ὄντα διορίσασθαι πόσα τε καὶ ποῖά ἐστιν, wo geradezu den Eleatikern das Verdienst zugeschrieben wird, zur Untersuchung über die Einteilung der Begriffe angeregt zu haben, weil dadurch, wie aus dem Zusammenhang erhellt, die Aporien über das Sein und Nichtsein erledigt werden könnten. Und wie Plato die formale Methode der Eleaten zu ernster Dialektik benutzt hat, zeigt die Schilderung des ἐλεγκτικὸν εἶδος, das mit dem νουθετητικὸν die Arten der παιδεία bildet: διερωτῶσιν ὧν ἂν οἴηταί τίς τι πέρι λέγειν λέγων μηδέν· εἶθ' ἅτε πλανωμένων τὰς δόξας ῥᾳδίως ἐξετάζουσι, καὶ συνάγοντες δὴ τοῖς λόγοις εἰς ταὐτὸν τιθέασι παρ' ἀλλήλας, τιθέντες δὲ ἐπιδεικνύουσιν αὐτὰς αὑταῖς ἅμα περὶ τῶν αὐτῶν πρὸς τὰ αὐτὰ κατὰ ταὐτὰ ἐναντίας.

Hier haben wir ganz die Form der Dialektik wie im

Parmenides: das Festsetzen der Prämissen, die Zurückführung der im Schlußsatz zu verbindenden Begriffe auf denselben Mittelbegriff (εἰς ταὐτόν) und dann die Darlegung des Widerspruches oder Verstoßes gegen das principium contradictionis; aber darin liegt der Unterschied zwischen unserer παιδιὰ und jener παιδεία, daß hier die kontradiktorisch-entgegengesetzten Urteile (δόξαι αὐταὶ αὐταῖς ἐναντίαι) dasselbe Subjekt (περὶ τῶν αὐτῶν) und dasselbe Prädikat πρὸς τὰ αὐτά) in demselben Sinne haben (κατὰ ταὐτά), in der παιδιὰ aber der Mittelbegriff durch Identifizierung über-, unter- und nebengeordneter Begriffe ein doppelter wird. Und im Phaedon 101 beschreibt Platon seine eigene Methode dahin, daß er Begriffe hypothetisch gesetzt und daraus die Konsequenzen gezogen und gesehen habe, ob dieselben Widersprüche enthielten oder nicht, und dann habe er einen höheren Begriff gesetzt u. s. f., bis er zu einem passenden Abschluß gekommen sei. Man sieht, hier hat Plato die hypothetisch-deduktive Methode des Parmenides mit der induktiven des Sokrates verbunden, von dem einen die durch diesen und seine Schule ausgebildete Lehre vom Schluß, von dem andern die von der Begriffsbildung genommen, um die Dialektik dann selbst durch die Begriffsteilung zu vervollkommnen. Denn die früheren, steht im Soph. 267 D., hatten kein Bewußtsein von der Division (τῆς τῶν γενῶν κατ' εἴδη διαιρέσεως παλαιά τις αἰτία τοῖς ἔμπροσθεν καὶ ἀσύννους παρῆν ὥστε μηδ' ἐπιχείρειν μηδένα διαιρεῖσθαι).

Im Philebus aber 15 D. u. E. wird die Begeisterung geschildert, in die der gerät, dem zum ersten mal zum Bewußtsein kommt, was in der Sprache, im Satze, schon lange als ewiges unbewußtes Gefühl der Seele sich ausdrückt, daß dasselbe Subjekt Eins und Vieles wird in Begriff und Division; dann glaubt er einen Schatz des Wissens gefunden zu haben, und in seiner begeisterten Freude subsumiert er das Besondere unter das Allgemeine und teilt das Allgemeine in das Besondere und „faßt jeden damit an, dessen er habhaft werden kann, Alt und Jung, und Vater und Mutter, es fehlt nicht viel auch die Tiere; einen Barbaren wenigstens würde er nicht schonen, wenn er nur einen Dollmetscher fände." So wird eben die alte Aporie von dem Einen und Vielen durch die Division der Begriffe gelöst, und auf der Division beruht wiederum die Definition. In jener vor allem sieht Plato die wahre Dialektik. Soph. 253 C. sagt der Eleatische Gastfreund: τὸ κατὰ γένη διαιρεῖσθαι καὶ μήτε ταὐτὸν ὂν εἶδος ἕτερον ἡγήσασθαι μήτε ἕτερον ὂν ταὐτὸν μῶν οὐ διαλεκτικῆς φήσομεν ἐπιστήμης εἶναι; die Division also und die rechte Unterscheidung der nebengeordneten Begriffe ist die Sache wahrer Dialektik. Und als Theätet das bejaht, fährt jener fort: Οὐκοῦν ὅ γε τοῦτο δυνατὸς δρᾶν μίαν ἰδέαν διὰ πολλῶν, ἑνὸς ἑκάστου κειμένου χωρὶς, πάντη διατεταμένην ἱκανῶς διαισθάνεται, καὶ πολλὰς ἑτέρας ἀλλήλων ὑπὸ μιᾶς ἔξωθεν περιεχομένας, καὶ μίαν αὖ δι' ὅλων πολλῶν ἐν ἑνὶ ξυνημμένην, καὶ πολλὰς χωρὶς διωρισμένας; τοῦτο δ' ἔστιν, ᾗ τε κοινωνεῖν ἕκαστα δυνατὰ καὶ ὅπη μή, διακρίνειν κατὰ γένος ἐπίστασθαι· Wer also die Division zu handhaben versteht, der erkennt auch wie 1) ein und derselbe Begriff zu verschiedenen selbständigen Subjekten Prädikat wird, 2) viele verschiedene Begriffe als Prädikate in demselben Subjekte enthalten sind,

3) viele Begriffe einem höheren Begriffe subsumiert werden und 4) andere Begriffe wieder nicht in Verbindung mit einander gebracht werden können. Es beruht also darauf die richtige Beziehung der Begriffe zu einander nach den Gesetzen der Substantialität und der Über- und Unterordnung oder das Wissen vom Begriffe und vom Urteil. Dieses Wissen aber macht den Philosophen· ($\varkappa\iota\nu\delta\upsilon\nu\varepsilon\upsilon o\mu\varepsilon\nu$ $\zeta\eta\tau o\tilde{\upsilon}\nu\tau\varepsilon\varsigma\ \tau\grave{o}\nu\ \sigma o\varphi\iota\varsigma\tau\grave{\eta}\nu\ \pi\rho \acute{o}\tau\varepsilon\rho o\nu\ \grave{\alpha}\nu\varepsilon\upsilon\rho\eta\varkappa \acute{\varepsilon}\nu\alpha\iota\ \tau\grave{o}\nu\ \varphi\iota\lambda \acute{o}\sigma o\varphi o\nu$). Und so ist denn der ganze Sophist ein bewunderungswürdiges Beispiel der Division, eine $\pi\lambda \acute{\alpha}\nu\eta$ in dieser logischen Operation voll Scharfsinn, Energie und Humor, wie der Parmenides eine $\pi\lambda \acute{\alpha}\nu\eta$ in der Schlußfolgerung ist, und zeigt zugleich, wie auf der Division die Definition beruht. Und ähnlich sucht der Theätet den $\lambda \acute{o}\gamma o\varsigma$ durch die Division zu retten, in der die Aporie der starren Einheit der Eleaten und die der unendlichen Vielheit der Herakliner versöhnt und gelöst sind, und läßt schließlich erraten, daß auch die Definition auf derselben beruht. Denn er teilt 206 D. ff. den $\lambda \acute{o}\gamma o\varsigma$ ein in 3 Arten. 1. ist er überhaupt ein Satz oder Urteil. 2. ist er die partitio, d. h. die Zerlegung des Ganzen in seine Teile. 3. aber ist er die Angabe der spezifischen Differenz, was man nach dem Inhalt des Ganzen dahin ergänzen muß, daß er die Angabe der $\mu \acute{\iota}\alpha\ \grave{\iota}\delta \acute{\varepsilon}\alpha$, d. h. des allgemeinen Gattungsbegriffs mit der spezifischen Differenz ist, so daß also durch die Division auch die Definition erkannt wird. Was also im Parmenides versteckt liegt, daß die Teilung des Ganzen keineswegs den Begriff der Teilung erschöpft, sondern die Teilung des Begriffs, eben die Division, hinzu kommen muß, das ist hier im Theätet klar ausge-

gesprochen, da der partitio die Definition zur Seite gestellt wird, die die Division voraussetzt.

So wird der λόγος, der durch die Eleatische Dialektik widerrechtlich zerstört und vernichtet wird, durch die Platonische wiederaufgebaut und gerettet. Und ebenso werden auch wohl die Ideen, auf deren Sein das Denken und der Gedankenaustausch ja beruhen sollte, die aber durch des Parmenides Einwürfe unhaltbar geworden zu sein scheinen, durch dieselbe Platonische Dialektik gerettet werden können. Und in der That, die Einwürfe des Parmenides gegen die Ideen beruhen auf dem Mangel der Unterscheidung der Begriffe. Wir brauchen nur die im zweiten Teil durch die unbewußte Logik der Sprache, wie wir nach der oben angeführten Stelle des Philebus sagen können, getroffene Scheidung, die aber dem Parmenides noch nicht zum philosophischen Bewußtsein gekommen war, mit Bewußtsein anzuwenden, um die Möglichkeit der Ideen gegen den Parmenides zu behaupten.

Kritik des ersten Teils. Zusammenhang der beiden Teile. Idee und Stellung des Dialogs.

Der erste Einwurf, daß die Dinge an der Idee weder als Ganzem noch zum teil teil haben könnten, weil in beiden Fällen die Idee ihre Einheit aufgeben müßte, erledigt sich sogleich dadurch, daß das Verhältnis zwischen ihnen auch das des Allgemeinen und Besonderen sein kann, in dem die Einheit und die Vielheit mit einander sich verbinden. Diese begriffliche Beziehung der Über- und Unterordnung wird auch durch die Beispiele, die Sokrates und Parmenides gebrauchen, und die ja bei Plato immer ihre Absicht haben, angedeutet. Sokrates gebraucht das Bild des Tages oder des Lichtes, das von jeher Symbol des geistigen Wesens gewesen, und von Plato selbst ja auch sonst so gebraucht wird, und wie er in der Republik geradezu die vielfache Erscheinung der Idee durch die vielfache Abspiegelung eines Dinges anschaulich macht, so veranschaulicht er auch hier die vielfache Erscheinung der Idee als eines Ganzen durch die gleichmäßige Erscheinung derselben Lichtkraft in unendlich vielen Orten des Raumes. An Stelle dieses Beispiels vom Licht setzt Parmenides das des Lakens, also ein körperliches Ding in Übereinstimmung mit seiner Auffassung von Ganzem und Teil. Ein anderes Beispiel gebraucht Parmenides, das vom Großen und Kleinen, um jene Teilung als widerspruchsvoll darzustellen, indem er sagt, es würde also durch einen Teil des Großen etwas groß und durch Hinzufügung eines Teils vom Kleinen etwas klein, also durch Verkleinerung etwas groß und durch Hinzufügung etwas klein werden.

Bekanntlich sagt Aristoteles, Plato hätte für die Idee 2 Prinzipien aufgestellt: 1) das Eine und 2) das Große und Kleine. Das letzte Prinzip bestimmt offenbar den Umfang der Idee, wie ebenso die über- und untergeordneten Begriffe sich durch die Größe des Umfangs von einander unterscheiden, und Plato verschiedene mal von großen Ideen spricht, unter denen Ideen von großem Umfange zu verstehen sind. So nennt er z. B. im Sophisten 254 C. und D. das Seiende, Ruhe und Bewegung $\mu\acute{\epsilon}\gamma\iota\sigma\tau\alpha\ \epsilon\breve{\iota}\delta\eta$.

Auf der Einheit aber beruht der Inhalt des Begriffs, denn die Prädikate desselben müssen mit ihm als Subjekt übereinstimmen. Nun besteht eben das Verhältnis zwischen Inhalt und Umfang, daß je mehr man von jenem fortnimmt, desto größer dieser wird, und umgekehrt, je mehr man von jenem hinzufügt, desto kleiner dieser wird. Also wird bei der idealen Teilung durch Verkleinerung etwas vergrößert und durch Hinzufügung verkleinert, und was bei der realen Teilung widerspruchsvoll ($\breve{\alpha}\lambda o\gamma o\nu$), ist bei der Division logisch berechtigt ($\breve{\epsilon}\breve{\nu}\lambda o\gamma o\nu$).

Der 2. Einwurf, der darin besteht, daß die Subsumtion der Eigenschaften oder Prädikate der Dinge unter einer Idee eine Subsumtion der Idee und der Prädikate unter einer höheren Idee notwendig machte, weil der Idee dasselbe Prädikat zukäme wie den Dingen, widerlegt sich durch den Unterschied von Substanz und Accidens. Denn die Idee hat ihre Prädikate durch sich selbst, nicht durch ein anderes, oder die Ursache des Seins, das durch das Prädikat bestimmt wird, liegt in ihr selbst, die Dinge aber haben das Prädikat nicht durch sich selbst, sondern durch die Idee. Die Ideen haben also kein Drittes nötig, um ihr Sein zu bestimmen. Es ist dies der Unterschied, auf dessen Identifizierung der Trugschluß 164 B. beruht, den aber Parmenides selbst 139 C. macht, wo er sagt, das Eine sei nicht ein anderes von dem Übrigen, denn es sei dieses nicht durch sich, also auch nicht an sich; das heißt, es sei das nicht substantiell, sondern nur durch das Sein eines Andern, mit dem es verglichen wird, also accidentiell. In demselben Sinne nennt Spinoza das ein substantielles Sein, was die Ursache des Seins in sich selbst hat.

Diesen beiden von Parmenides zwischen der Idee und den Dingen angegebenen Beziehungen, die innerhalb des Kreises der Anschauung stehen bleiben, fügt Sokrates zwei andere hinzu, die die Idee in den Kreis der geistigen Selbstthätigkeit erheben und sie als Begriff einerseits und andrerseits als Gegenstand einer Anschauung, als Urbild, bestimmen.

3. schließt nun Parmenides: Wenn die Idee Begriff ist, so muß auch das Begriffene begreifen, denn zum Begriff gehört ein Begriffenes, dieses hat Teil an der Idee, d. h. am Begriffe, also muß es begreifen oder obwohl es Begriff ist, ohne Begriff sein.

Er sagt im Untersatz: es hat Teil am Begriff, und im Schlußsatz: es ist Begriff. Der Begriff besteht aber aus der Form des Bewußtseins und dem Inhalte des Gegenstandes, er ist eben zugleich τοῦ ὄντυς; wenn nun etwas daran teil hat, braucht es nur am Inhalt oder der Form teil zu haben, aber nicht notwendig an beiden. Es ist hier also Teil haben und Sein, also accidentielles und substantielles Sein, und ebenso Bewußtsein und Bewußtes oder Subjekt und Objekt mit einander verwechselt. Das Begreifen ist Sache der Seele, das Begriffenwerden kommt dem objektiv Seienden zu. Soph. 248 D. ἡ μὲν ψυχὴ γιγνώσκει, ἡ δὲ οὐσία γιγνώσκεται. Offenbar ist von Parmenides der Unterschied zwischen Denken und Sein noch nicht gefaßt, wie er ja auch νοεῖν und εἶναι in seinem Gedichte gleichsetzt.

Aber die unbewußte Logik hat den Parmenides in unserm Gespräche auch diesen Unterschied machen lassen. Denn er spricht an mehreren Orten von dem, was man in Gedanken an und für sich nimmt im Gegensatz gegen die Dinge (cf. 143 A.).

4. Während in den beiden vorhergehenden Beziehungen die Idee als Grund der Anschauung und des Begriffs aufgefaßt wird, wird sie ferner zum Grund des Werdens, wenn sie als Urbild der Dinge hingestellt wird.

Die Dinge werden also den Ideen nachgebildet, haben, um mit Plato zu reden, teil an ihren Urbildern durch die vermittelnde Idee der Ähnlichkeit. Nun sagt Parmenides: Das Urbild ist dem Abbild ebenso gut ähnlich als das Abbild dem Urbild, das Urbild hat also auch teil an der Ähnlichkeit, es muß also wiederum eine Idee geben, durch die das Urbild ähnlich wird u. s. f. ins Unendliche. Also, schließt er, hat das Andere nicht durch die Ähnlichkeit teil an den Ideen. Er kann doch nur schließen: also hat das Andere nicht durch das Urbild selbst teil daran. In der Idee der Ähnlichkeit liegt ja gerade das Dritte, worin sie zusammenkommen. Es findet also hier eine Verwechslung der bestimmten Idee der Ähnlichkeit mit dem Urbilde überhaupt statt, d. h. es ist ein bestimmtes εἶδος für das ganze γένος gesetzt. Das ist die formale Seite des Schlusses. Die Sache liegt jedoch tiefer. Bei der Erscheinung ist das Ähnlichwerden ein realer Prozeß, bei der Idee ist es nur eine ideale Beziehung. Die Idee wird nur ähnlich durch die ideale, die Erscheinung durch die reale Bewegung, d. h. jene nur im Denken, diese für die Anschauung. Jene wird Gegenstand der idealen Anschauung in der göttlichen Seele, aber diese durch die Nachbildung derselben in der ἑτέρα φύσις τῆς ἰδέας Gegenstand der äußern Anschauung. Das Werden muß also in doppeltem Sinne genommen werden, in dem der idealen und realen Bewegung, während Parmenides diese Arten wiederum nicht unterscheidet. Und außerdem setzt er die Beziehung der Idee zum Dinge und die des Dinges zur Idee identisch. Das Ding bleibt eben hinter der Idee zurück, und wird ihr nur ähnlich; die Idee wird in diesem Sinn gar nicht, sondern ist ewig und in sich vollkommen. Die Beziehung zwischen zwei Begriffen ist nicht dieselbe, je nachdem man den einen zum andern, und den andern zum einen in Beziehung setzt, sondern es sind eben zwei verschiedene Relationen darin enthalten — gerade wie es ein Unterschied war, ob man das Sein zum Nichtsein oder das Nichtsein zum Sein in eine zeitliche Beziehung zu einander setzte, was Parmenides eben wiederum als identisch gefaßt hatte.

Wollte man aber sagen, das Ding und die Ähnlichkeit müssen in einem Ditten wieder zusammenkommen, da beide das Prädikat der Ähnlichkeit haben, so würde das auf dieselbe Weise widerlegt werden können, wie der Einwurf gegen die 2. Beziehung; die Ähnlichkeit hat das Prädikat durch sich selbst, die Dinge durch ein anderes, also wäre substantielles und accidentielles Sein hier wieder identifiziert.

In diesem Unterschied zwischen Sein und Werden und zwischen idealer und realer Bewegung liegt auch der Schlüssel zur Lösung der andern Aporie, daß, wenn die Ideen sind, zwischen ihnen und der Erfahrungswelt keine Beziehung sein könnte, also ein vollkommener Dualismus der Welt angenommen werden müßte. Denn zunächst wird natürlich der Dualismus der Erfahrungswelt, den der junge Sokrates dadurch setzt, daß er den Körpern selbst im Gegensatz zu den Eigenschaften oder Beziehungen ein Sein an und für sich, den Eigenschaften aber nur ein Sein durch die Idee zuschreibt, durch die Konsequenz aufgehoben, daß die ganze Erfahrungswelt ihr Sein nur durch die Ideenwelt hat. Die Scheu des Sokrates, auch den Körpern Ideen zu hypostasieren, findet ja ihre natürliche Erklärung in dem Schein von substantiellem Sein, das die Körper selbst für das gewöhnliche Bewußtsein haben, und daß Plato zunächst von den Beziehungen der Dinge bei seiner Ideenlehre ausgegangen, zeigt auch der Sophist, wo im Gegensatz gegen die Materialisten, die nur die palpabeln Körper selbst als seiend betrachten, den πράξεις, den Beziehungen der Menschen zu einander, dasselbe Recht wie jenen zu sein zuerkannt wird. Es war ihm zunächst darum zu thun, den sittlichen Beziehungen ein wahres und festes Sein zu verschaffen, wie er ja auch immer vorzugsweise aus diesem Kreise die Beispiele für die Idee nimmt; aber die dialektische Konsequenz mußte ihn darauf führen, auch den Körpern nur ein Sein durch die Idee beizulegen, wie denn auch im Timäus die Körper nach den Mustern der Idee gebildet werden. Die ganze Welt der Erfahrung also hat nur ein accidentielles, die der Idee ein substantielles Sein. Das Sein aber wird im Sophisten als δύναμις (cf. 246 E. ff.) definiert und das weiter erklärt 247 B.: ἀλλὰ μὴν τό γε δυνατόν τῳ παραγίγνεσθαι καὶ ἀπογίγνεσθαι πάντως εἶναί τι φήσουσιν; was also zu etwas in Beziehung und wieder außer Beziehung treten kann, ist demnach ein Seiendes; das Sein ist also die $δύναμις\ τῆς$ $κοινωνίας$ und ihres Gegenteils, wie auch das Ist des Satzes immer eine Beziehung zweier Begriffe ausdrückt, und die Sprache deckt sich ja für den Griechen viel mehr mit dem Gedanken als bei uns, das Denken war ihnen zugleich Sprechen, das einsame Denken ein Selbstgespräch, wie Plato selbst Theaet. 189 E. sagt, und die sprachlichen und logischen Begriffe haben dieselben Bezeichnungen. Wenn die Ideen also sind, so treten sie auch in Beziehung zu einander, und in diesem Sinne ist das Sein die $δύναμις\ τῆς\ κοινωνίας\ τῶν$ $ἰδεῶν$, wie man sagen kann. Dadurch entsteht die ideale Bewegung und Besonderung, indem eine Idee mit andern sich verbindet. So entsteht im Gespräche des Parmenides ihm unbewußt durch die Verbindung des Einen mit dem Sein und dem Andern die Zahl, die das Schema der Division ist und deshalb zwischen der Idee und den Dingen vermittelt, und das Einzelne und durch die mit der Ausdehnung das Ganze. Das $δυνατὸν\ παραγίγνεσθαι$ und $ἀπογίγνεσθαί\ τῳ$ ist in dieser Hinsicht dasjenige, was man von etwas bejahen oder verneinen kann, wodurch neben jener idealen Besonderung oder Division auch noch eine andere ideale Bewegung der Idee entsteht, nämlich der $λόγος$ oder das Urteil. Und den erklärt eben Plato für einen wahren Dialektiker, der die Begriffe ihrem Wesen entsprechend mit einander verbindet und von einander trennt. In der Erfahrungswelt aber tritt das Sein als eine Teilnahme der Materie, der $ἑτέρα\ φύσις\ τῆς\ ἰδέας$, an den Ideen auf; hier ist das Sein auch eine Beziehung, aber eine reale Bewegung, ein Werden, in der die Beziehungen der Dinge zu einander nicht aus der Nothwendigkeit ihres eigenen Wesens hervorgehn, sondern nur soweit die Idee in ihnen wirksam ist. So ist also die ganze Welt der Anschauung ein Abbild und eine Erscheinung der Ideenwelt, aber worin liegt die Vermittelung zwischen beiden? Die liegt eben wiederum versteckt in den Begriffen, aus denen Parmenides die Beziehungslosigkeit der beiden Welten ableitet, der $\dot{\epsilon}\pi\iota\sigma\tau\acute{\eta}\mu\eta$ und $\delta\acute{\upsilon}\nu\alpha\mu\iota\varsigma$, dem Wissen der Menschen und dem Wissen und Können der Götter. Kein $\nu o\tilde{\upsilon}\varsigma\ \chi\omega\varrho\acute{\iota}\varsigma\ \psi\upsilon\chi\tilde{\eta}\varsigma$ sagt Plato Tim. 30. B., das Wissen setzt die Seele voraus, die Seele des Menschen schaut die Dinge und hat dadurch teil an der realen Bewegung, die in die ideale Bewegung sich umsetzt, wenn das Anschauen das Denken verursacht. Die Seele hat teil an der realen und idealen Bewegung (cf. Soph. 249 ff.), und darum ist sie die Vermittlung zwischen der Welt der Erfahrung und der der Ideen. Das ist der Sinn, der in der Art ihrer Bildung liegt, wie sie im Timäus beschrieben wird, wenn sie aus dem Unteilbaren und ewig mit sich Identischen und dem Teilbaren und Andern und einer Mischung von beiden gebildet wird. Sie hat ideale und reale Bewegung, wie im Timäus geradezu 37 A. und B. gesagt wird und ist darum die Vermittlung zwischen beiden Prinzipien. Und wie die Seele des Menschen durch die reale zur idealen Bewegung gelangt, so umgekehrt die der Götter durch die ideale zur realen. Der Gott, heißt es im Timäus, schaut die Ideen, die $\pi\alpha\varrho\alpha\delta\epsilon\acute{\iota}\gamma\mu\alpha\tau\alpha$, die, wie es im Timäus, im Parmenides und Theätet (176 E.) heißt, in der Natur ewig feststehn, also an keiner Veränderung oder realen Bewegung teilnehmen, und darnach bildet er die Welt, denn auch im Soph. verwirft Plato die Ansicht (265 C.), daß die Natur von selbst die Dinge hervorbringe, sondern sie gehe von einem Gotte aus durch Vermittlung göttlichen Denkens und

Wissens. Der Gott hat also die ideale Anschauung der ewig seienden Ideen, die eben durch die Anschauung zu παραδείγματα werden, um dann die ideale Bewegung in die reale umzugestalten. In der göttlichen Seele ist also die ἐπιστήμη und δύναμις, sie ist die Vermittlung zwischen Sein und Werden, zwischen Idee und Erscheinung. Göttliche Seelen sind ihm aber die Weltseele cf. Tim. 34 B. und die Seelen der Himmelskörper, die schaffenden Mächte, aus denen auch unsere Seele ein Ausfluß ist. (cf. Tim. 30 C.) Jetzt sieht man auch klar die Bedeutung der drei im ersten Teile gesetzten Beziehungen, denn Anschauung, Begriff und παράδειγμα drücken die Art und Weise aus, wie in der That Idee und Erscheinung mit einander in Beziehung gesetzt werden.

Auf dieselbe Weise also, durch das Wissen vom Begriffe, wird in dem Übungsspiele (der πραγματειώδης παιδιά) und in der wirklichen Spekulation (der πραγματεία) der λόγος gerettet. Und darin liegt der Zusammenhang der beiden Teile und die Einheit und Idee des Dialogs. Diese liegt eben in dem Zwecke darzustellen, wie zu dem Wissen vom formalen Schlusse das Wissen vom Begriffe, zu der Eleatischen Methode die Sokratisch-Platonische hinzukommen muß, um die Wahrheit zu erkennen.

Damit ist auch dem Parmenides' seine Stellung unter den Platonischen Dialogen angewiesen. Denn wie in ihm handelt es sich auch im Theätet und Sophisten um die Rettung des λόγος, des Wissens und dessen Mitteilung. Im Theätet wird ausgeführt, was das Wissen nicht ist, im Sophisten werden die im Theätet sich ergebenden Aporien, die der positiven Erkenntnis des Wissens hinderlich sind, gelöst und eine Anschauung von der Erkenntnis eines Wissensobjekts gehn, sondern nur soweit die Idee in ihnen wirksam ist. So ist also die ganze Welt der Anschauung ein Abbild und eine Erscheinung der Ideenwelt, aber worin liegt die Vermittelung zwischen beiden? Die liegt eben wiederum versteckt in den Begriffen, aus denen Parmenides die Beziehungslosigkeit der beiden Welten ableitet, der $\dot{\epsilon}\pi\iota\sigma\tau\dot{\eta}\mu\eta$ und $\delta\dot{\upsilon}\nu\alpha\mu\iota\varsigma$, dem Wissen der Menschen und dem Wissen und Können der Götter. Kein $\nu o\tilde{\upsilon}\varsigma\ \chi\omega\varrho\dot{\iota}\varsigma\ \psi\upsilon\chi\tilde{\eta}\varsigma$ sagt Plato Tim. 30. B., das Wissen setzt die Seele voraus, die Seele des Menschen schaut die Dinge und hat dadurch teil an der realen Bewegung, die in die ideale Bewegung sich umsetzt, wenn das Anschauen das Denken verursacht. Die Seele hat teil an der realen und idealen Bewegung (cf. Soph. 249 ff.), und darum ist sie die Vermittlung zwischen der Welt der Erfahrung und der der Ideen. Das ist der Sinn, der in der Art ihrer Bildung liegt, wie sie im Timäus beschrieben wird, wenn sie aus dem Unteilbaren und ewig mit sich Identischen und dem Teilbaren und Andern und einer Mischung von beiden gebildet wird. Sie hat ideale und reale Bewegung, wie im Timäus geradezu 37 A. und B. gesagt wird und ist darum die Vermittlung zwischen beiden Prinzipien. Und wie die Seele des Menschen durch die reale zur idealen Bewegung gelangt, so umgekehrt die der Götter durch die ideale zur realen. Der Gott, heißt es im Timäus, schaut die Ideen, die $\pi\alpha\varrho\alpha\delta\epsilon\dot{\iota}\gamma\mu\alpha\tau\alpha$, die, wie es im Timäus, im Parmenides und Theätet (176 E.) heißt, in der Natur ewig feststehn, also an keiner Veränderung oder realen Bewegung teilnehmen, und darnach bildet er die Welt, denn auch im Soph. verwirft Plato die Ansicht (265 C.), daß die Natur von selbst die Dinge hervorbringe, sondern sie gehe von einem Gotte aus durch Vermittlung göttlichen Denkens und

Wissens. Der Gott hat also die ideale Anschauung der ewig seienden Ideen, die eben durch die Anschauung zu παραδείγματα werden, um dann die ideale Bewegung in die reale umzugestalten. In der göttlichen Seele ist also die ἐπιστήμη und δύναμις, sie ist die Vermittlung zwischen Sein und Werden, zwischen Idee und Erscheinung. Göttliche Seelen sind ihm aber die Weltseele cf. Tim. 34 B. und die Seelen der Himmelskörper, die schaffenden Mächte, aus denen auch unsere Seele ein Ausfluß ist. (cf. Tim. 30 C.) Jetzt sieht man auch klar die Bedeutung der drei im ersten Teile gesetzten Beziehungen, denn Anschauung, Begriff und παράδειγμα drücken die Art und Weise aus, wie in der That Idee und Erscheinung mit einander in Beziehung gesetzt werden.

Auf dieselbe Weise also, durch das Wissen vom Begriffe, wird in dem Übungsspiele (der πραγματειώδης παιδιά) und in der wirklichen Spekulation (der πραγματεία) der λόγος gerettet. Und darin liegt der Zusammenhang der beiden Teile und die Einheit und Idee des Dialogs. Diese liegt eben in dem Zwecke darzustellen, wie zu dem Wissen vom formalen Schlusse das Wissen vom Begriffe, zu der Eleatischen Methode die Sokratisch-Platonische hinzukommen muß, um die Wahrheit zu erkennen.

Damit ist auch dem Parmenides" seine Stellung unter den Platonischen Dialogen angewiesen. Denn wie in ihm handelt es sich auch im Theätet und Sophisten um die Rettung des λόγος, des Wissens und dessen Mitteilung. Im Theätet wird ausgeführt, was das Wissen nicht ist, im Sophisten werden die im Theätet sich ergebenden Aporien, die der positiven Erkenntnis des Wissens hinderlich sind, gelöst und eine Anschauung von der Erkenntnis eines Wissensobjekts gegeben. Das Wissen ist nicht *αἴσθησις*, sagt der Theätet, nicht *ὀρθὴ δόξα*, denn dann muß es neben der *ὀρθὴ* auch eine *ψευδὴς δόξα* geben, die sich also das Nichtseiende vorstellt. Aber wie kann man sich das Nichtseiende vorstellen? Was ist das Nichtseiende? Das Wissen ist auch 3. nicht *ὀρθὴ δόξα μετὰ λόγου*, wenn man den *λόγος* als Satz, als partitio und als Angabe der spezifischen Differenz faßt. Was ist aber der *λόγος* in Wahrheit? Der Sophist löst die Frage nach dem Nichtsein und nach dem *λόγος*. Die Lösung beider Fragen liegt in der Verbindung und Trennung der *εἴδη*, die für den *λόγος* Begriffe werden. Und diese Lösung findet statt durch die Bekämpfung der starren Einheit und der absoluten Verneinung des Parmenides und der Unbeweglichkeit der *εἴδη*, womit er wohl die Megoriker treffen will. Das Seiende ist nicht absolut starr und Eins, sondern es verbindet sich mit anderen Ideen, und so entsteht die Beziehung der Ideen zu einander nach dem Verhältnis von Substanz und Accidens, *καθ' αὐτό* und als *πάθος* oder *μετέχειν*, und nach dem von *γένος* und *εἶδος*, nach der Ueber- und Unterordnung; d. h. es entsteht durch die Bewegung ein bestimmter Inhalt und Umfang der Idee. Nun kommt es darauf an, welche Ideen sich mit einander verbinden, und welche nicht; dieser Gegensatz der Verbindung oder der *κοινωνία*, die *ἐναντιότης* des Seins, das eben die Idee der *κοινωνία* ist, ist das Nichtsein.

Die Idee des Nichtseins verbindet sich aber mit der Thätigkeit der Seele und dadurch entsteht die *ψευδὴς δόξα*, die das Getrennte als verbunden oder das Verbundene als getrennt setzt. Der wahre *λόγος* ist die Verbindung dessen, was seinem Wesen nach in Verbindung steht und Trennung dessen, was keine Verbindung eingehen kann. Die richtige Scheidung und Verbindung der εἴδη oder Begriffe ist der wahre λόγος. Den aber zu finden hat Parmenides anregend gewirkt, sagt der Eleatische Gastfreund. Und nun regt in unserm Dialog wirklich Parmenides den jungen Sokrates an, indem er durch den im Sophisten bekämpften absoluten Gegensatz des Einen und Vielen, des Seins und Nichtseins den λόγος aufhebt, der wiederum durch die im dialektischen Prozeß mit innerer Notwendigkeit sich ergebende Teilung der Begriffe (wie Plato dasselbe auch Soph. 252 C. beschreibt) behauptet werden kann. Gewiß besteht die Anregung, was Schleiermacher für die Hauptsache hält, auch in dem konsequenten Schließen; auch regt Parmenides den Sokrates an, sich von den Vorurteilen los zu machen, die Dinge nach menschlichem Werte zu schätzen, wie ebenso Galilei in seinen Discorsen sagt, in der Natur gelte Lehm und Erde so viel wie Gold und Edelsteine. Aber die eigentliche Anregung liegt in der Darreichung von Gedanken, die Parmenides aus der Tiefe seines Geistes ausspricht und mit Hilfe deren die Mängel seiner Dialektik ausgeglichen und dieselbe zum Mittel gemacht werden kann, die Wahrheit zu erkennen und mitzuteilen. Was also beim Theätet und dem Sophisten den Hintergrund bildet, ist hier zur Anschauung gebracht, die Überwindung und Vollendung der Eleatischen Dialektik durch die Sokratisch-Platonische. Und jetzt ist's auch klar, daß in Theätet (184 A.) und im Sophisten (217 C.) auf die Persönlichkeit des Parmenides und seine Gedankentiefe und das Gespräch, das er einst mit dem jungen Sokrates gehalten, hingedeutet wird. Es wird dadurch vorbereitet auf das Gespräch, welches das veranschaulicht, vor dem als Hintergrund sich der Theätet und die sich ihm anschließenden Dialoge, der Sophist, auch der Staatsmann, bewegen, denn auch dessen Definition beruht auf der Division. Wenn ferner im Sophisten die an den Theätet sich anschließenden Dialoge zu dem Zwecke nach des Sokrates Aufforderung gehalten werden, um den Sophisten, den Staatsmann und den Philosophen zu unterscheiden und zu erkennen, so wird, wie dem Sophisten und dem Staatsmanne, auch dem Philosophen ein Dialog gewidmet sein, wie das auch Zellers Ansicht ist, der Philosoph wird uns aber im Parmenides indirekt veranschaulicht, indem eben der ideale Philosoph der ist, der die Parmenideische formale Dialektik mit dem Sokratischen Wissen vom Begriffe verbindet, d. h. mit der rechten Definition und Division. Auch ist nicht ohne Grund der Hauptvertreter im Sophisten und im Staatsmann der Eleatische Gastfreund, der die Parmenideische Dialektik aus Elea mitgebracht, aber als Gastfreund im Mutterlande die Eleatische Einseitigkeit aufgegeben und überwunden hat, wie ja Plato selbst die Sokratische Einseitigkeit als italischer Gastfreund ausgeglichen, und ebensowenig ist es ohne Grund, daß es Klazomenier, Jonier, Landsleute des Anaxagoras sind, die nach Athen kommen, um das Gespräch des Parmenides kennen zu lernen. In Athen wurden die Errungenschaften der westlichen und östlichen Kolonien vereinigt und deren Einseitigkeiten in einem höheren System ausgeglichen, ist doch Platos Ideenlehre selbst nur die Ausgestaltung einer Kombination verschiedener, im Osten und Westen entstandener Systeme, eine Ausgleichung extremer Gegensätze, eine echte Erscheinung des griechischen Geistes, dem die Mitte und das Maß seinen Charakter bestimmt.